Walid Bayounes

Conception et Mise en Oeuvre d'un sytème de gestion de curriculums

Walid Bayounes

Conception et Mise en Oeuvre d'un sytème de gestion de curriculums

Étude de Cas: Licence Fondamentale en Informatique de Gestion

Éditions universitaires européennes

Mentions légales / Imprint (applicable pour l'Allemagne seulement / only for Germany)
Information bibliographique publiée par la Deutsche Nationalbibliothek: La Deutsche Nationalbibliothek inscrit cette publication à la Deutsche Nationalbibliografie; des données bibliographiques détaillées sont disponibles sur internet à l'adresse http://dnb.d-nb.de.
Toutes marques et noms de produits mentionnés dans ce livre demeurent sous la protection des marques, des marques déposées et des brevets, et sont des marques ou des marques déposées de leurs détenteurs respectifs. L'utilisation des marques, noms de produits, noms communs, noms commerciaux, descriptions de produits, etc, même sans qu'ils soient mentionnés de façon particulière dans ce livre ne signifie en aucune façon que ces noms peuvent être utilisés sans restriction à l'égard de la législation pour la protection des marques et des marques déposées et pourraient donc être utilisés par quiconque.

Photo de la couverture: www.ingimage.com

Editeur: Éditions universitaires européennes est une marque déposée de
Südwestdeutscher Verlag für Hochschulschriften GmbH & Co. KG
Heinrich-Böcking-Str. 6-8, 66121 Sarrebruck, Allemagne
Téléphone +49 681 37 20 271-1, Fax +49 681 37 20 271-0
Email: info@editions-ue.com

Produit en Allemagne:
Schaltungsdienst Lange o.H.G., Berlin
Books on Demand GmbH, Norderstedt
Reha GmbH, Saarbrücken
Amazon Distribution GmbH, Leipzig
ISBN: 978-3-8381-8236-0

Imprint (only for USA, GB)
Bibliographic information published by the Deutsche Nationalbibliothek: The Deutsche Nationalbibliothek lists this publication in the Deutsche Nationalbibliografie; detailed bibliographic data are available in the Internet at http://dnb.d-nb.de.
Any brand names and product names mentioned in this book are subject to trademark, brand or patent protection and are trademarks or registered trademarks of their respective holders. The use of brand names, product names, common names, trade names, product descriptions etc. even without a particular marking in this works is in no way to be construed to mean that such names may be regarded as unrestricted in respect of trademark and brand protection legislation and could thus be used by anyone.

Cover image: www.ingimage.com

Publisher: Éditions universitaires européennes is an imprint of the publishing house
Südwestdeutscher Verlag für Hochschulschriften GmbH & Co. KG
Heinrich-Böcking-Str. 6-8, 66121 Saarbrücken, Germany
Phone +49 681 37 20 271-1, Fax +49 681 37 20 271-0
Email: info@editions-ue.com

Printed in the U.S.A.
Printed in the U.K. by (see last page)
ISBN: 978-3-8381-8236-0

Ministère de l'Enseignement Supérieur et de la Recherche Scientifique

Université de Tunis

Institut Supérieur de Gestion de Tunis

Mémoire de Mastère

Présenté en vue de l'obtention du diplôme de Mastère de Recherche

en Informatique Appliquée à la Gestion

Conception et Mise en Oeuvre d'un Modèle de Gestion de Curriculums Basé sur les Technologies du Web Sémantique

Présenté par :

Walid Bayounes

Encadré Par :

Ahmed Ferchichi

Année Universitaire 2006-2007

DEDICACES

A ma mère
Je dédie ce modeste travail en reconnaissance des peines qu'elle s'est donnée pour moi, et en témoignage de son affection.

A mon père
En témoignage de ma profonde gratitude pour tous les sacrifices qu'il a consentis pour me permettre de réaliser ma vocation.

A mes frères
Avec mon amour et ma tendresse.

A ma Sœur
Pour son encouragement et sa patience.

A mes Amis
A tous mes amis pour leur soutien, soit de près ou de loin.

REMERCIEMENTS

Une fois ce mémoire est achevé, je tiens à manifester ma plus grande gratitude envers tous ceux qui ont de près ou de loin accordé leur attention à ce travail.

Je remercie mon encadreur Monsieur Ahmed Ferchichi pour les efforts d'encadrement qu'il a déployés afin de faire aboutir ce travail de recherche. Par ailleurs, je me suis inspiré de ses qualités scientifiques et humaines.

Je remercie tous mes enseignants ainsi que le personnel de l'institut supérieur de gestion.

Je remercie les membres de jury qui ont accepté de juger ce travail.

MERCI

Sommaire

Liste des Figures

Liste des Tableaux

Introduction

Les actions de formation se définissent généralement à travers cinq variables [36]:

- Le public, concerné;
- L'objectif, visé;
- Le contenu, à dispenser;
- La méthode pédagogique, à employer;
- Les moyens, à mettre en œuvre.

Les curriculums se définissent comme étant des guides à suivre pour accompagner les actions de formation dans leurs cycles de vie.

La gestion de curriculums vise la résolution de deux types de problèmes :

- Problèmes d'ordre pédagogique,
- Problèmes d'ordre technique.

Au niveau pédagogique, le problème principal est : Comment améliorer l'enseignement et l'apprentissage ?

Au niveau technique, le problème principal est : Comment améliorer la collaboration entre les acteurs impliqués, à savoir :

- Les décideurs,
- Les experts,
- Les enseignants,
- Les étudiants,
- Les parents,
- Le public.

Afin de mieux participer à la résolution de ces deux types de problèmes, les systèmes de gestion de curriculums actuels s'orientent vers les technologies du web pour tirer profit des nouvelles possibilités de gestion de l'information qu'elles offrent, comme le partage, la réutilisation et la collaboration.

Dans ce cadre, nous nous sommes intéressés à l'élaboration d'un modèle de données et de traitements pour les curriculums, basé sur la technologie XML. Nous avons appelé ce modèle XCM (XML Curriculum Model).

Le modèle XCM est basé sur plusieurs types de technologies et de concepts :

- Le standard DocBook,
- La norme Dublin Core,
- Le standard RDF (Ressource Description Framework) et le standard Topic Maps,
- Le concept d'ontologie,
- La norme LOM (Learning Object Metadata),
- La spécification européenne CDM (Course Description Metadata),
- La norme SCORM (Sharable Content Object Reference Model).

Nous avons proposé en particulier :

- Une approche de structuration des documents de trois niveaux:
  - o Niveau physique
  - o Niveau logique
  - o Niveau pédagogique
- Un enrichissement de la spécification CDM relative aux cours en introduisant de nouveaux schémas de données:
  - o Schéma de description de domaine de connaissances d'une discipline,
  - o Schéma de description des enseignants,
  - o Schéma de description des étudiants,
  - o Schéma de description des projets de recherche,
  - o Schéma de description des réunions organisées par les acteurs impliqués dans les actions de formation
- Une approche d'unification du travail des acteurs impliqués dans les actions de formation.

Notre proposition présente deux intérêts majeurs :

- XCM peut être intégré dans les schémas de données et de traitements des plates formes de gestion des curriculums,
- XCM peut être vu comme étant une contribution aux efforts actuels de standardisation des curriculums sur le web.

Nous présentons notre proposition structurée en 5 chapitres :

- Le premier chapitre, met en relief une problématique particulière soulevée par le manque de structuration des curriculums. Nous présentons cette problématique à travers le cas des curriculums informatiques récemment développés par les organisations internationales suivantes :

- o ACM (Association of Computing Machinery),
- o AIS (Association of Information System),
- o AITP (Association for Information Technology Professional),
- o IEEE-CS (The Computer Society of the Institute for Electrical and Electronic Engineers).

- Le deuxième chapitre est consacré à une revue de la littérature des systèmes de gestion de curriculums.

- Le troisième chapitre est consacré à une revue de la littérature des technologies du web sémantique.

- Le quatrième chapitre spécifie, d'une manière détaillée, le modèle XCM que nous proposons.

- Le cinquième chapitre propose une mise en œuvre du modèle XCM dans une étude de cas liée à une licence fondamentale en informatique de gestion.

Chapitre 1

Les Curriculums
d'Informatique

Chapitre 1

Les Curriculums d'Informatique

1. Introduction

L'enseignement de l'informatique au niveau des études pré-doctorales dispose de plusieurs rapports édités par les principales associations scientifiques et professionnelles:

- CC 2005 (ACM, AIS et IEEE-CS) : rapport qui présente une vue générale des disciplines et de ses curriculums;
- CS 2001 (ACM et IEEE-CS) : rapport pour la discipline Computer Science;
- IS 2002 (ACM, AITP et AIS) : rapport pour la discipline Information System;
- SE 2004 (ACM et IEEE-CS) : rapport pour la discipline Software Engineering;
- CE 2004 (ACM et IEEE-CS) : rapport pour la discipline Computer Engineering;
- IT 2005 (ACM) : rapport pour la discipline Information Technology.

Dans ces rapports, les curriculums sont présentés selon la structure suivante :

- Présentation générale de la discipline objet du curriculum,
- Présentation du corps des connaissances de la discipline concernée,
- Présentation des objectifs du curriculum,
- Regroupement de connaissances visées par le curriculum sous forme de cours définis par des crédits et des horaires,
- Présentation d'exemples de séquencement des cours proposés selon la nature des environnements d'implémentation.

Nous avons remarqué que les curriculums proposés ne suivent pas une structuration stricte permettant de les gérer d'une manière automatique et collaborative.

Dans la première section de ce chapitre, nous donnons un aperçu de la discipline informatique. Dans la deuxième section, nous présentons la structure des rapports objet de notre étude. En suite, nous mettons en relief une certaine incohérence constatée dans les rapports des curriculums cités précédemment due à notre avis au manque d'un schéma de description bien défini pour favoriser une automatisation ultérieure.

2. Vue globale des disciplines informatiques

La discipline informatique a évolué historiquement comme l'indique la figure 01 :

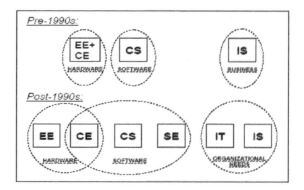

Figure 01. Disciplines informatiques [9]

En fait, Il existe cinq disciplines d'informatique selon la figure ci-dessus [9] :

- **Computer Engineering (CE):** C'est une discipline qui s'intéresse à la conception, l'implémentation/construction et la maintenance des composantes matérielles et des modules logicielles des systèmes informatiques.

- **Computer Science (CS) :** Elle renferme les piliers mathématiques et algorithmiques de certains domaines tels que : bioinformatique, systèmes intelligents,...etc.

- **Information System (IS) :** C'est une discipline qui s'intéresse aux solutions en technologies d'information pour les entreprises. Ces technologies sont des outils d'acquisition, de traitement et de distribution des informations au sein de l'entreprise ou à l'extérieur.

- **Information Technology (IT) :** C'est une discipline qui s'intéresse à la sélection, au développement, à l'intégration, à l'administration et à la maintenance de l'infrastructure technologique au sein des organisations.

- **Software Engineering (SE) :** C'est la discipline qui s'intéresse aux différentes méthodes et outils pour développer, tester et maintenir des solutions logicielles.

Les liens entre les différentes disciplines et leurs relations avec la théorie et la pratique sont illustrés par les figures suivantes :

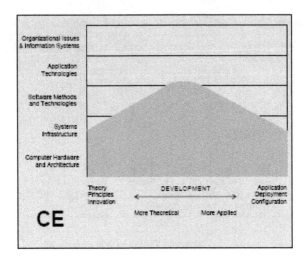

Figure 02. Espace de CE discipline [9]

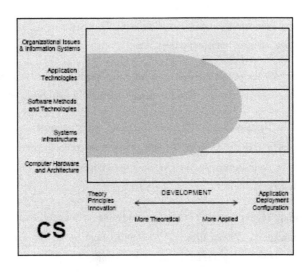

Figure 03. Espace de CS discipline [9]

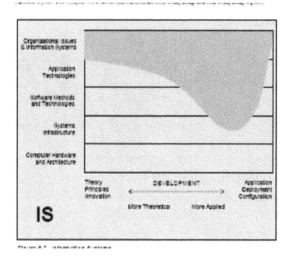

Figure 04. Espace de IS discipline [9]

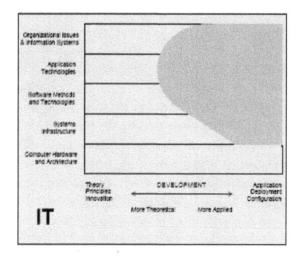

Figure 05. Espace de IT discipline [9]

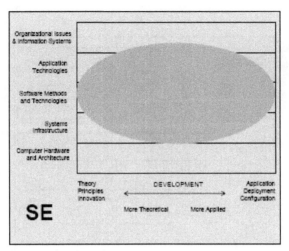

Figure 06. Espace de SE discipline [9]

3. Les rapports des curriculums

3.1. Structure

La structure de ces rapports comporte les éléments suivants :

- Présentation de la discipline
- Principes : Liste des principes qui sont appliqués pendant la rédaction du rapport
- Compétences : Liste des compétences en formation prévues des diplômés
- Le corps des connaissances : Présentation du corps des connaissances de la discipline suivant cette structure :
  - o Le corps des connaissances comporte un ensemble de KA (Knowledge Area)
  - o Chaque KA renferme un ensemble d'unités (Unit)
  - o Chaque unité comporte un ensemble de thèmes (Topic)
- Les objectifs : Liste des objectifs pédagogiques au niveau de chaque unité,
- Cours : Présentation des différents cours (introductory course, intermediate course, advanced course et projects) en spécifiant les éléments suivants :
  - o Identificateur
  - o Nom
  - o Nombre d'heures

- o Description
- o Pré requis (cours, unités,…)
- o Syllabus
- o Unités : Liste des unités qui sont utilisées dans ce cours
- Présentation de certains modèles de curriculums.

3.2. Incohérences de description

Suite à une étude détaillée des rapports, nous avons identifiée des incohérences dans les schémas de description utilisés aux niveaux suivants:

- Niveau du corps des connaissances
- Niveau des objectifs et des compétences
- Niveau des cours
- Niveau des modèles de curriculums

3.2.1. Niveau du corps des connaissances

Au niveau du corps des connaissances, nous relevons les incohérences suivantes :

- Utilisation de différentes abréviations pour les éléments du corps: (des abréviations numériques au niveau IS2002, des abréviations alphabétiques au niveau SE2004 et des abréviations alphanumériques pour les autres rapports).

- Les relations entre les Topics ne sont pas présentées au niveau des rapports CS2001, IS2002, CE2004 et IT2005.

- Les attributs de pertinence (essentiel, desirable et optionnel) et les objectifs de Bloom (knowledge, comprehension et application) ne sont pas spécifiés au niveau des éléments du corps pour les rapports CS2001, IS2002, CE2004 et IT2005.

- Les unités ne sont pas bien décrites au niveau du rapport IS2002 (pas de description détaillée des topics d'une unité).

3.2.2. Niveau des compétences et des objectifs

Au niveau des compétences et des objectifs, nous relevons les incohérences suivantes :

- Les compétences de formation ne sont pas présentées de la même manière au niveau des rapports. Nous relevons :
  - des classes (Cognitive, Practical et Additional) au niveau du rapport CC2001
  - une liste au niveau des rapports SE2004 et IT2005
  - des domaines (Analytical and Critical thinking, Communication, Business Fondamental, Technology et Information System) au niveau du rapport IS2002.

- Les relations ((Cours, Compétence), (Compétence, KA)) ne sont bien spécifiées qu'au niveau du rapport IT2005.

- Les objectifs essentiels et objectifs optionnels ne sont bien spécifiés qu'au niveau du rapport IT2005.

3.2.3. Niveau des cours

Au niveau des cours, nous relevons les incohérences suivantes :

- Les relations entre les cours des cinq disciplines informatiques ne sont pas bien spécifiées.

- Les relations (Cours, Topic) ne sont bien présentées qu'au niveau du rapport SE2004.

- La description des heures de cours comporte les éléments (Credit Hours, Lecture Hours, Lab Hours et Recitation Hours) au niveau du rapport CE2004 seulement.

- La description des cours comporte les objectifs au niveau du rapport SE2004 seulement.

3.2.4. Niveau des modèles de curriculums

Au niveau des modèles de curriculums, nous relevons les incohérences suivantes :

- Les modèles de curriculums ne sont pas présentés de la même façon au niveau de chaque rapport (Par exemple des modèles par département au niveau de CE2004 et des modèles par pays au niveau de SE 2004).

- Les relations (Cours, modèles) ne sont pas définies au niveau des rapports.

4. Conclusion

L'informatique peut être définie comme étant un ensemble de disciplines. En 1960, elle comportait trois disciplines (Computer Science, Electrical Engineering et Information System). Chaque discipline possédait son propre domaine de connaissances (Software, Hardware et Business). Mais en 1990, le Computer Engineering, Software Engineering et Information Technology sont devenus des disciplines supplémentaires.

Pour spécifier des curriculums au niveau des études pré-doctorales d'informatique, les associations internationales (ACM, AITP, AIS et IEEE-CS) ont développé des rapports. La structure standard de ces rapports comporte : la description de la discipline, les principes, les compétences en formation, le corps des connaissances, les cours et les modèles.

Après une étude détaillée de ces rapports, nous avons déterminé plusieurs incohérences, à savoir :

- des relations implicites qui ne sont pas identifiées;
- différentes abréviations (KA, Unit, Topic,...) qui sont appliquées;
- différentes descriptions (Course, Unit,...) sont spécifiées;
- différentes présentations (Outcomes, model, ...) sont utilisées.

De ce fait, le développement d'un système de gestion des curriculums qui adopte un schéma standard de définition devient une nécessité pour favoriser l'automatisation de la gestion des curriculums.

Chapitre 2

La Gestion Automatique
des Curriculums

Chapitre 2

La Gestion Automatique des Curriculums

1. Introduction

Au niveau de ce chapitre, nous allons décrire le système de gestion des curriculums. Ce système est défini comme étant un système d'information capable de supporter le processus d'un curriculum (définition, réalisation et évaluation). Il renferme un ensemble de fonctions qui permettent de satisfaire les besoins des différents acteurs (étudiants, enseignants, décideurs et parents).

Dans ce cadre, nous introduisons la notion de curriculum. Ensuite, nous présentons les fonctions, les avantages d'utilisation et les limites d'un système de gestion des curriculums.

2. Notion de curriculum

2.1. Définition

Un curriculum désigne la conception, l'organisation et la programmation des activités d'enseignement/apprentissage selon un parcours éducatif. Il regroupe l'énoncé des finalités, les contenus, les activités et les démarches d'apprentissage ainsi que les modalités et les moyens d'évaluation des acquis des élèves. [1]

D'après cette définition, un curriculum spécifie les objectifs, le contenu, la méthode pédagogique, les moyens et le public d'une action de formation. En d'autres termes, il décrit un ensemble d'expériences éducatives des décideurs (enseignant, chef de département, directeur…) selon un plan à suivre par les étudiants dans le cadre d'une action de formation.

2.2. Le curriculum en tant que processus

Le curriculum en tant que processus fait usage des activités suivantes :

- **Spécification**
  Cette activité s'intéresse à l'analyse et à l'architecture de l'action de formation. Elle définit la formation en termes de compétences à acquérir, en termes de connaissances à communiquer, et en termes d'outils à utiliser.

- **Réalisation**

Cette activité s'intéresse au déroulement effectif de l'action de formation dans un environnement spécifique, devant un public et pendant une durée déterminée.

- **Evaluation**

Cette activité s'intéresse principalement à la mesure de l'écart entre les objectifs fixés au niveau de l'étape de spécification et les résultats réalisés à la fin de l'étape de réalisation. Cette évaluation engendre la révision du curriculum pour prendre en compte [1]:

  o L'évolution des systèmes économiques, sociaux et culturels;
  o Les nouvelles approches pédagogiques;
  o L'évaluation du système éducatif;
  o Le développement scientifique de la discipline concernée par la formation.

3. Notion de Système de gestion des curriculums

3.1. Définition

Un système de gestion des curriculums est tout système capable de supporter le curriculum en tant que processus (définition, réalisation et évaluation).

L'objectif de ce système est d'assurer l'alignement et la liaison entre les composants d'enseignement, d'apprentissage et d'évaluation afin d'augmenter le taux d'accomplissement des acquis par les étudiants pendant une session de formation [4].

3.2. Fonctions du système

Les systèmes de gestion des curriculums intègrent les fonctions, que nous allons présenter dans ce qui suit en détails [2] :

- **Fonction de maintenance :** C'est la fonction qui assure la mise à jour des données d'un curriculum, à savoir :
  o Les ressources d'enseignement/apprentissage : les plans des leçons, les calendriers, les activités, les ressources internet, les ressources de la bibliothèque,... ;
  o Les données d'évaluation: les différents types des évaluations, les divers profits des apprenants,...;

- o Les données de curriculum: les standards, les compétences, les objectifs,...;
- o Les données démographiques des étudiants, les données du personnel et les données des programmes spéciaux et des interventions.

- **Fonction de visualisation:** Elle assure l'affichage des différentes vues des données du curriculum aux acteurs. Par exemple, le système affiche deux vues différentes du même cours à deux étudiants selon leur prés requis.

- **Fonction d'analyse :** Cette fonction génère des états d'analyse pour répondre aux requêtes avancées des acteurs afin de prendre les bonnes décisions. Par exemple, le système fournit un état qui comporte les cours qui contiennent un thème fixé par un enseignant.

- **Fonction d'évaluation :** Elle spécifie les approches d'évaluation pour chaque compétence au niveau de chaque cours de curriculum.

3.3. Exemples de systèmes

Parmi les systèmes de gestion des curriculums, nous décrivons :

- **Foothill College C3 Management System:**
Ce système incorpore les données d'un curriculum dans une base de données à accès simple. C'est un système interactif qui assure la collaboration entre plusieurs utilisateurs afin de fournir/utiliser des informations dont la mise à jour est régulière. [5]

- **AllofE's System:**
AllofE offre des solutions logicielles dans plusieurs domaines (éducation, santé, télécommunication,...). Son système assure la gestion des informations des cours en ligne et la publication électronique des documents d'un curriculum. Il est utilisé dans plusieurs établissements (Blue Springs School district, Missouri School,...). [6]

- **EMed System (New South Wales University Medical School) :**
Ce système a été développé en 2001. Il comporte un ensemble d'outils (Time Table, Map, Portfolio, Teamwork et Tracking and Result) pour gérer les données d'un curriculum de médecine en six ans. [7]

3.4. Avantages d'utilisation

L'utilisation de ce système permet de [4]:

- Faciliter la définition, la réalisation et l'évaluation d'un curriculum;
- Réduire l'utilisation du papier et gagner du temps;
- Permettre aux enseignants de créer des ressources pour les parents et les étudiants ;
- Assurer le partage des plans des leçons et des pratiques d'enseignement;
- Rendre l'accès aux connaissances plus simple;
- Faciliter l'analyse et l'interprétation des données pour prendre les bonnes décisions d'une façon rapide;
- Assurer le suivi de la progression des étudiants d'une façon individuelle ou en groupe;
- Assurer un enseignement basé sur la progression et les besoins individuels;
- Assurer la communication avec les parents;
- Permettre une collection systématique des données de l'institut, des standards et des évaluations;
- Accélérer la correction et la diffusion des évaluations.

3.5. Limites du système

Après une étude de plusieurs systèmes de gestion des curriculums, nous avons déterminé les limites suivantes :

- La diffusion du contenu nécessite des équipements multimédia;
- La mise en place de l'infrastructure technique et la création des contenus sont coûteuses;
- L'accès à l'outil informatique est nécessaire;
- Les interactions entre les individus sont limitées;
- L'utilisation des technologies du web sémantique est limitée.

4. Conclusion

Un système de gestion des curriculums est un système capable d'automatiser le processus d'un curriculum (définition, réalisation et évaluation). Il offre un ensemble de fonctions qui assurent un enseignement de haute qualité.

L'utilisation de ce système dans le milieu universitaire présente une source de motivation pour les étudiants et les enseignants bien qu'il existe un certain nombre de limites. Parmi ces limites, nous citons l'utilisation limitée des technologies du web sémantique qui offre de nouvelles possibilités de collaboration, de réutilisation et de partage. Dans les chapitres suivants nous allons montrer comment il est possible de surmonter ces limites.

Chapitre 3

Le Web Sémantique

Chapitre 3

Le Web sémantique

1. Introduction

Le web sémantique est une extension du web actuel dans laquelle l'information est munie d'une signification bien définie permettant aux ordinateurs et aux personnes de mieux travailler en coopération [11]. Il offre un vaste espace d'échanges de ressources entre les machines permettant l'exploitation de grands volumes d'informations et de services variés, aidant les utilisateurs en les libérant d'une (bonne) partie de leur travail de recherche, et de combinaison de ces ressources [12].

Le web sémantique rend le web actuel accessible par les machines en ajoutant une couche sémantique dont le rôle est de [14]:
- décrire les contenus (métadonnées),
- structurer les ressources (liens hypertextes étiquetés),
- anticiper les raisonnements: formalisation.

Dans ce chapitre, nous présentons l'architecture du web sémantique, ses principales technologies et leurs applications.

2. Architecture du web sémantique

L'architecture du web sémantique comporte trois niveaux:
- Niveau nom/adresse,
- Niveau syntaxique,
- Niveau sémantique.

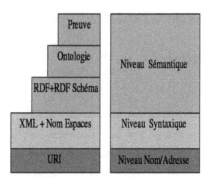

Figure 07. Architecture du web sémantique [16]

2.1. Niveau nommage/adressage

Le World Wide Web repose sur un concept important qu'est l'URI (Uniform Resource Identifier). Tout ce qui est disponible sur Internet doit être identifié par un URI. Un URI identifie de manière unique et non ambiguë chaque ressource du Web, comme une page, une adresse email, ou une image. [16]

2.2. Niveau syntaxique

Le niveau syntaxique est le niveau de la structuration des documents. La spécification de la structure logique des documents repose sur XML (eXtensible Markup Language). C'est un métalangage qui permet de définir d'autres langages. Les langages définis par XML sont des langages de présentation de documents. [16]

2.3. Niveau sémantique

RDF (Resource Description Framework) est un standard permettant la mise en place de descriptions simples. XML est à la syntaxe, ce que RDF est à la sémantique. RDF Schéma permet ensuite de combiner ces descriptions en un seul vocabulaire. À tout ceci, il manque la possibilité de décrire des vocabulaires spécifiques à des domaines bien particuliers. C'est là que les ontologies jouent leur rôle. [16]

Au dessus des ontologies, un système de raisonnement permet aux agents logiciels de faire des déductions afin de prouver la vérité.

3. Les technologies du web sémantique

3.1. Au niveau syntaxique

3.1.1. XML

XML est une technologie incontournable dans l'entreprise. On retrouve XML dans des contextes aussi divers que les applications distribuées, la configuration de produits, les annuaires, l'édition des documents, la diffusion du contenu sur le web ou la gestion de la connaissance. [17]

3.1.1.1. Histoire

SGML: SGML (Standard Generalized Markup Langage ou langage normalisé de balisage généralisé) a été adoptée comme standard en 1986, (ISO 8879). Elle a été la première tentative systématique de créer des documents électroniques. La principale idée sous-jacente étant de séparer le contenu (logique) d'un document de sa forme (matérielle / imprimée). [18]

Malgré ces avantages (marquage des données, séparation entre le contenu et la forme), le SGML présente plusieurs inconvénients :

- La manipulation est complexe;
- L'utilisation est difficile (les spécialistes utilisent le SGML);
- Il est inadapté au web.

HTML : Le HTML (HyperText Markup Langage) issu de la famille SGML.C'est un langage de description permettant de structurer et d'afficher différents objets sur un écran. [19]

HTML est un langage de balisage adapté au Web. Il renferme des balises de présentation qui négligent l'aspect sémantique des données.

XML : Des recherches ont permis la création d'XML (un sous-ensemble de SGML), capable de décrire les données d'une manière normalisée mais plus facile à comprendre et à mettre en application. [20]

Le premier groupe du W3C a émis 10 objectifs pour la création du langage XML [21] :

- XML doit être facilement utilisable sur Internet;
- XML doit prendre une vaste gamme d'applications;
- XML doit être compatible avec SGML;
- L'écriture des programmes capable de traiter les documents XML doit être facile;
- Le nombre de fonctions optionnelles en XML doit être réduit au strict minimum idéalement, il ne doit pas y en avoir;
- Les documents XML doivent être lisibles par l'homme et raisonnablement clairs;
- La conception XML doit être préparée rapidement;
- La conception XML doit être formelle et concise;
- Les documents XML doivent être facile à créer;
- Le caractère abrupt des balises XML n'a pas d'importance.

XML est utilisé pour décrire tous les aspects des informations, depuis les propriétés physiques jusqu'aux instructions d'utilisation et aux relations avec les autres informations. Cette information peut être utilisée aussi par l'homme que par la machine et c'est l'un des avantages décisifs de XML. [20]

Le tableau suivant présente les avantages et les inconvénients des langages SGML, HTML et XML.

	SGML	HTML	XML
Avantages	-Séparation entre le contenu et la forme -Le marquage des données	-Simple -Supporte plusieurs types d'interfaces	- Décrire la structure et le contenu d'un document -Présente un format d'échange universel des données
Inconvénients	-Manipulation complexe -Inadapté au Web	-Il gère uniquement La présentation des informations -Il ne gère pas le comportement des documents	-C'est une famille de langages qui consiste une sous ensemble de SGML

Tableau 01. Comparaison de langages de balisage SGML, HTML et XML

3.1.1.2. Dialectes

XML est plus qu'un langage, c'est une famille de langages. Actuellement on estime que plusieurs centaines de langages basés sur XML ont été décrits, preuve que XML répond à un véritable besoin [22]. Parmi ces langages, nous décrivons :

- **Le langage de description sémantique des données (XML**

- **Le langage de transformation et formatage des données (XSL) :** Le langage XSL (eXtended Stylesheet Langage) permet de présenter visuellement des éléments définis dans un document XML en le transformant en un autre format (HTML, RTF, PDF, XML, …)

- **Le langage d'interrogation des données (XPath)**

- **Le langage de gestion des liens (XLL):** Il supporte la gestion des liens dans un document XML. Il se divise en deux parties complémentaires Xlink et Xpointer. Ne se contentant pas de reprendre en charge les fonctions des liens HTML, le langage XLL propose de les améliorer et de les étendre à un niveau d'efficacité remarquable [23]:
  - N'importe quel élément XML peut devenir un lien ;
  - Tous les types de ressources peuvent être non seulement accédés, mais également pointés en des points précis;
  - Les liens multidirectionnels sont réalisables;
  - Les liens peuvent être organisés en groupe de connexions;
  - La gestion des arcs de liens devient effective.

- **Les langage de conception des interfaces (XForm):** Il supporte la conception des interfaces conviviales.

3.1.2. Les schémas de métadonnées

Les métadonnées sont des données qui décrivent d'autres et ce pour garantir leur utilisation pertinente. Parmi les schémas de métadonnées, nous décrivons :
- Dublin Core,
- LOM,
- CDM.

3.1.2.1. Dublin Core

C'est une norme qui décrit les ressources internet en utilisant les éléments suivants :
- Propriété intellectuelle : créateur, éditeur, contributeur et droits.
- Contenu : titre, sujet, description, source, langage, relation et couverture.
- Matérialisation : date, type, format et identifiant.

3.1.2.2. LOM

Un objet d'apprentissage (LO) selon IEEE est tout objet numérique à utiliser, réutiliser ou référencer pendant un apprentissage e-Learning. Dans ce cadre, nous présentons les propriétés d'un LO tout en indiquant certaines valeurs possibles [10] :
- les objectifs;
- les pré-requis;

- le type d'interactivité: passive, moyenne, active…;
- le niveau d'interactivité: bas, milieu, haut…;
- la densité sémantique qui est le rapport entre l'efficacité et la durée ou la taille de l'objet;
- le type: exercice, présentation, examen...;
- la difficulté: facile, moyenne, difficile…;
- la durée d'utilisation: en nombre de jours, en nombre de semaines, en nombre de mois…;
- l'utilisateur final;
- l'usager: enseignant, étudiant, auteur…;
- le contexte d'utilisation: enseignement primaire, enseignement secondaire, enseignement supérieur, formation professionnelle…

Afin de bien décrire toutes ces propriétés, la norme LOM (Learning Object Metadata) comporte les catégories d'éléments suivantes :
- Général: elle renferme les informations d'ordre général sur l'objet;
- Cycle de vie: elle comporte les informations nécessaires sur le cycle de vie de l'objet (création, modification…);
- Méta métadonnées: ce sont des informations sur les métadonnées;
- Technique: elle présente les informations techniques (taille, format, exigences techniques…);
- Pédagogie: elle renferme les informations pédagogiques de l'objet (type, âge de l'apprenant, niveau…);
- Droits: elle contient des informations sur les droits d'auteur et les droits d'utilisation;
- Relation: elle spécifie les relations entre les objets;
- Commentaire: elle comporte des informations supplémentaires sur les objets;
- Classification: elle assure la classification des objets d'apprentissage selon un ou plusieurs critères (discipline, compétence, niveau…).

3.1.2.3. CDM

La spécification CDM (Course Description Metadata) décrit les éléments de l'offre de la formation. Les éléments de base de son schéma XSD sont [24] :

- **Entité organisationnelle** *(orgUnitType)* : Organisation ou partie d'une organisation responsable du déroulement des cours (par exemple, universités, facultés ou établissements scolaires).

- **Programme d'études** *(programType)* : Programme d'études comprenant un ensemble d'unités d'enseignement organisé et aboutissant à un diplôme, un titre, une qualification, une certification, à la préparation d'un examen.

- **Unité d'enseignement** *(courseType)*: Unité d'enseignement comprenant un ou plusieurs cours, un emploi du temps, des activités d'enseignement et un ou plusieurs examens.

- **Personne** *(personType)*: Coordonnées des personnes impliquées dans l'organisation de la scolarité ou associées au déroulement des programmes d'études, des unités d'enseignement, des cours.

L'utilisation de la spécification CDM permet de [24] :
- faciliter la description et l'échange d'informations concernant les programmes et les unités d'enseignement;
- faciliter la normalisation des descriptions des cours;
- faciliter la génération de catalogues de l'offre de formation nationaux et internationaux;
- faciliter la mise en place de portails de l'offre de formation et d'autres services destinés aux étudiants.

3.2. Au niveau sémantique

3.2.1. RDF

RDF (Resource Description Framework) est un langage, recommandé par le W3C en 1997, fondé sur les notions de ressources et de relations entre ressources. Un triplet <s, p, o> exprime une relation (p) entre un sujet (s) et un objet (o). [14] (voir la figure 2)

De ce fait, il permet de rendre explicite les relations sémantiques qui existent entre les unités d'information qui figurent sur le web. [25]

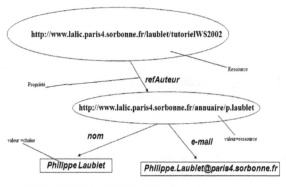

le triplet (sujet-propriété-objet) ou (ressource-propriété-valeur (ressource ou chaîne))

Figure 08. Exemple de modèle RDF [25]

Depuis 1998, RDFS (Resource Description Framework Schema) présente le schéma qui définit les termes qui seront utilisés par les descriptions RDF. RDF(S) propose des constructeurs très généraux permettant de construire ces schémas spécialisés. [23]

3.2.2. Topic Maps

Les Topic Maps (TM) constituent un standard de notation qui permet de définir des vues multiples et concurrentes d'un ensemble d'information : « la nature structurelle de ces vues n'est pas contrainte ; elles peuvent traduire une approche orientée objet, ou encore relationnelle, hiérarchique, ordonnée, non ordonnée, ou une quelconque combinaison de celles-ci » [24]. Il est fondé sur les notions de topics, d'associations et de ressources. La figure ci-dessous présente un exemple de Topic Map.

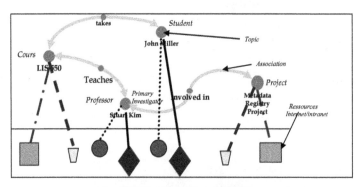

Figure 09. Exemple de Topic Map [13]

Le tableau suivant présente les caractéristiques de RDF et Topic Maps :

	RDF	Topic Maps
Caractéristiques	-Marquage interne de ressources -Riche en sémantique	-Marquage externe de ressources -Interprétation multiple de données

Tableau 02. Comparaison entre RDF et Topic Maps

3.2.3. Ontologies

3.2.3.1. Définition

Les ontologies sont des descriptions structurées et formelles des concepts d'un domaine et de leur inter-relations (relations hiérarchiques, relations de composition, relations sémantiques,...) [25].

L'utilisation des ontologies permet de [11] :

- assurer la réutilisation du savoir,
- expliciter ce qui est considéré comme implicite,
- distinguer le savoir opérationnel,
- analyser le savoir.

Afin de mieux assimiler le concept d'une ontologie, nous présentons l'exemple suivant :

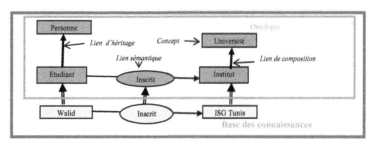

Figure 10. Exemple d'ontologie

3.2.3.2. Rôles d'ontologie

Les rôles d'une ontologie sont [23]:

- Définir/fournir une sémantique formelle pour l'information permettant son exploitation par un ordinateur,

- Définir /fournir une sémantique d'un domaine du monde réel fondée sur un consensus et permettant de lier le contenu exploitable par la machine avec sa signification pour les humains.

3.2.3.3. Langage de spécification OWL

OWL (Ontology web langage) est un langage de spécification des ontologies qui offre les possibilités suivantes aux ontologies [16] :

- Capacité d'être distribué à travers beaucoup de systèmes,
- Compatibilité avec des normes du web pour l'accessibilité et l'internationalisation,
- Ouverture et extensibilité.

3.2.3.4. Classes d'ontologies

Parmi les différents types d'ontologie, nous relevons :

- Ontologies génériques qui ne sont pas propres à un domaine,
- Ontologies de domaine (Médecine, physique, mathématique,…),
- Ontologies de méthode (diagnostic d'une maladie),
- Ontologie d'application = Ontologie de domaine + Ontologie de méthode.

4. Applications du web sémantique

4.1. Outils

Les outils qui supportent les différentes applications du web sémantique sont [41] :

- Les éditeurs de construction des ontologies;
- Les outils de la fusion et de la réutilisation des ontologies;
- Les services de raisonnement: ils permettent de répondre à des requêtes avancées;
- Les outils d'annotation: ils permettent de lier les informations avec les métadonnées;
- Les outils d'accès et de navigation : ils assurent un accès précis aux informations et une navigation simple;
- Les services de translation et d'intégration des ontologies : ils assurent l'échange des données. En plus, ils offrent plusieurs vues de définition des données.

4.2. Domaines d'application

4.2.1. Gestion des documents

Au niveau de ce domaine, le web sémantique offre de nouvelles possibilités [41]:

- Recherche intelligente au lieu des mots clés,
- Echange rapide et simple des documents,
- Définition des différentes vues de document.

Dans ce cadre, l'utilisation de standard DocBook permet d'assurer ces possibilités.

4.2.1.1. DocBook

DocBook est un modèle de documentation technique. Il a été créé au départ pour simplifier la documentation **UNIX.** Mais maintenant il devient un format d'écriture et d'échange des documents dans l'industrie de l'Informatique et de l'électronique. [3]

Un document DocBook est un document XML utilisant des balises prédéfinies (plus de 370 balises). Elles sont utilisées pour décrire des livres, des articles, et en général des documents.

Ces balises se répartissent selon la figure ci-dessous en deux groupes :

- Les balises hiérarchiques: elles définissent la structure du document.
- Les balises d'informations: elles contiennent des informations sur le document.

```
<?xml version="1.0" encoding="UTF-8" ?>
<! DOCTYPE book PUBLIC "-//OASIS//DTD DocBook XML V4.2//EN">
<book id="hello-world" lang="en">
  <bookinfo>
        <title>Cours Pédagogie</title>                    Balise d'information
  </bookinfo>
  <chapter id="introduction">
        <title>Introduction</title>
        <para>Ceci est l'introduction. Elle a deux sections</para>
        <sect1 id="about-this-book">                    Balise hiérarchique
              <title>A propos de ce livre</title>
                    <para>C'est mon premier fichier DocBook</para>
        </sect1>
        <sect1 id="work-in-progress">
        <title>Attention</title>
        <para>Ceci est encore en construction</para>
        </sect1>
  </chapter>
</book>
```

Figure 11. Document en DocBook

Parmi les avantages de l'utilisation du standard DocBook, nous décrivons [38]:

- **Pérennité du format :** XML DocBook permet de générer des documents dans de nombreux formats. D'ailleurs, la génération de documents HTML permet déjà d'assurer une pérennité.

- **Portabilité du format :** Pour éditer les documents XML rédigés, il suffit d'un simple éditeur de texte. Cette opération est donc réalisable sous n'importe quel système d'exploitation. La génération peut également se faire sur n' importe quelle machine, des outils de transformation XSL existant pour tous les systèmes d'exploitation.

- **La sémantique :** DocBook permet de travailler avec une approche sémantique. La mise en forme ne rentre pas en compte au moment de la rédaction et les différentes balises à disposition permettent de donner du sens au discours.

- **Liens entre les différentes parties de la documentation :** DocBook permet de faire très facilement le lien entre différentes parties de la documentation. Il suffit pour cela de définir l'attribut « id » de l'élément de destination et d'utiliser les balises « link » ou « xref » lorsqu'on souhaite y faire référence.

- **Le Standard :** Le DocBook est reconnu comme un standard de la documentation.

- **Intégration dans le système d'informations de l'entreprise :** L'intégration d'un document DocBook est simple parce qu'il est un document XML.

Bien qu'elle offre plusieurs avantages, la grammaire linguistique des paragraphes est absente au niveau de la structure : il n'existe pas en particulier de balises spécifiques pour marquer les phrases et les mots. Cela exclut tous les traitements de documents dirigés par la grammaire.

4.2.2. Commerce électronique

Le E-commerce va nous permettre d'avoir un échange plus fluide d'information et de transactions entre tous les acteurs économiques, depuis l'offreur de produits ou les services jusqu'aux clients [40]. Afin de gérer cet échange, le web sémantique comporte [41] :

- des langages qui supportent la définition, la fusion et l'échange des données de produits;
- des ontologies qui couvrent les différents secteurs;

- des services de translation.

4.2.3. ELearning

Les exigences principales du système du ELearning sont la rapidité, le temps juste et l'apprentissage pertinent. Grâce à la propriété clé de l'architecture du Web sémantique avec le sens partagé commun, métadonnées traitables par les machines, ces exigences peuvent être satisfaites. [16]

En effet, l'utilisation des technologies du web sémantique assure un ELearning interactive, continue, non linéaire, distribué, dynamique, systémique et personnalisable. Afin d'assurer ces qualités, plusieurs organisation offrent plusieurs spécifications dont les spécifications IMS (Instructional Mangement System) et la norme SCORM (Sharable Content Object Reference Model) sont les plus utilisées.

4.2.3.1. Les spécifications IMS

IMS est un consortium mondial qui offre plusieurs spécifications. Il participe à l'élaboration et à la promotion de spécifications ouvertes pour favoriser les activités d'apprentissage en ligne telles que la recherche et l'utilisation de contenu éducatif, le suivi des progrès de l'apprenant, le compte rendu de son rendement, ainsi que l'échange de dossiers d'étudiant entre divers systèmes administratifs [37]. Le tableau suivant présente des exemples de spécification IMS :

Specification Name	Function
Enterprise	Formats for exchanging student and course information among system
Meta-data	Attributes to describe learning resources
Simple Sequencing	Specifying how learning objects are ordered and presented to a learner
Content Packaging	Instructions for wrapping and exchanging learning content
Learner Information Packaging	Information about learners' capabilities, experience and Privileges
Question and Test Interoperability	Formats for constructing and exchanging assessment information

Tableau 03. Exemples de spécifications IMS [42]

4.2.3.2. SCORM

SCORM (Sharable Content Object Reference Model) est une norme issue des spécifications IMS en vue de son implémentation à travers des plateformes d'enseignement à distance. Il permet ainsi à chaque cours d'être [31]:

- Réutilisable: facilement modifié et utilisé par différents outils de développement;
- Accessible: peut être recherché et rendu disponible aussi bien pour des apprenants que pour les développeurs;
- Interopérable ou compatible: peut fonctionner sur une grande palette de matériel, plates-formes, systèmes d'exploitation, navigateurs Web,...;
- Durable: ne requiert pas d'importantes modifications avec les nouvelles versions des logiciels.

La norme SCORM est composée de trois sections principales [31]:

- **Le Content Packaging ou agrégation du contenu** : il s'agit d'un fichier XML qui spécifie au niveau de chaque cours les éléments suivants :
  o la description
  o les ressources
  o la navigation.

- **Le Runtime ou environnement d'exécution** : c'est un ensemble de scripts (JavaScript) à ajouter aux ressources pour leur permettre de communiquer des données (métadonnées) au LMS (Learning Management System).

- **Les Métadonnées** : Il existe deux types de métadonnées en SCORM :
  o Les métadonnées du cours, décrites dans le Content Packaging;
  o Les métadonnées d'environnements échangées avec le cours via le Runtime qui concernent la progression d'un apprenant, ses résultats...

5. Conclusion

Le web sémantique est un espace d'échange de ressources qui se caractérise par [25]:
- L'utilisation des métadonnées;
- L'utilisation de différents langages pour décrire, exploiter et raisonner sur les contenus des ressources;

- L'exploitation de connaissances qui s'appuient sur des ontologies;
- L'intégration automatique d'informations provenant de sources hétérogènes.

Dans ce chapitre, nous avons passé en revue l'exploitation du web sémantique dans le cadre de l'enseignement électronique.

Chapitre 4

Le Modèle XCM : Conception

Chapitre 4

Le Modèle XCM : Conception

1. Introduction

Dans ce chapitre, nous nous intéressons à la présentation du modèle XCM que nous proposons pour la gestion des curriculums. Nous présentons tout d'abord les principes de structuration sur les quels XCM est fondé, puis nous présentons ses éléments constitutifs.

2. Principes de Structuration

XCM considère que le curriculum renferme plusieurs documents. Pour cette raison, trois types de structuration sont utilisés :

- Structuration physique des documents,
- Structuration logique des documents,
- Structuration pédagogique du contenu.

2.1 Structuration physique des documents

La gestion des curriculums fait appel à de différents types de documents. Nous proposons de les structurer physiquement de la même manière tout en utilisant le schéma DocBook (voir figure 08).

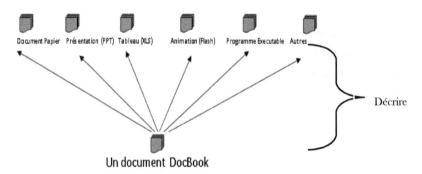

Figure 12. Structuration physique des documents

2.2. Structuration logique des documents

Les documents de curriculum jouent des rôles différents. Il est important de disposer d'un modèle logique de données pour chaque catégorie de document.

Dans notre modèle, nous prévoyons de développer un schéma XSD pour certaines catégories de document (voir figure 13).

```
Communication
   Document
      Abstract
      Comment
      Correspondence
         Discussion
         Email
         Letter
         Postcard
      Form
      Guideline
      Homepage
         OrganizationHomepage
         PersonalHomepage
      Index
      Lecture
      Manuscript
      Minutes
      Preprint
      Promotion
      Publication
         Advertisement
         Article
            BookArticle
            ConferencePaper
            JournalArticle
            WorkshopPaper
         Book
         Dictionary
         Editorial
         Manual
         Periodical
            Journal
            Magazine
            Newsletter
            Newspaper
         Proceedings
         Regulation
         Specification
         TechnicalReport
         Thesis
            DoctoralThesis
            MastersThesis
      Review
   PhoneCall
   Software
Speech
```

Figure 13. Ontologie de documents [34]

2.3. Structuration pédagogique de contenu

3.1. Extraction des connaissances à partir des documents

Pour extraire les connaissances des documents DocBook dont la structure renferme la grammaire linguistique des paragraphes, nous proposons d'utiliser les méthodes TAL (Traitement Automatique des Langues). Ces méthodes permettent d'extraire les connaissances sous la forme d'une ontologie à travers les étapes suivantes :

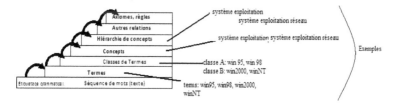

Figure 14. Extraction d'ontologie à partir de document [28]

2.3.2. Raffinement pédagogique des connaissances

Nous proposons de raffiner les connaissances des documents d'un curriculum en utilisant trois niveaux ontologiques :

- L'ontologie d'application des concepts : elle renferme les concepts de base pour assurer l'enseignement/apprentissage à un certain niveau (cours, module, leçon,…);
- L'ontologie de domaine de documents : elle renferme les différents types de documents (voir la figure 13);
- L'ontologie de domaine pédagogique : elle décrit les formats pédagogiques des documents (texte à analyser, exercice à faire, présentation à suivre, solution à comprendre,….).

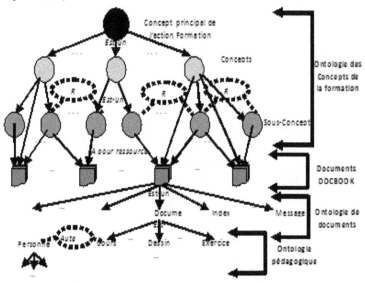

Figure 15. Raffinement pédagogique des connaissances

3. Modèle de données de XCM

L'idée ici, d'appliquer les principes de structuration pour concevoir un modèle de données pour la gestion des curriculums. En fait, il renferme trois modèles:

- Modèle de curriculum en tant qu'objet d'apprentissage,
- Modèle d'un module d'enseignement,
- Modèle ontologique d'une discipline en tant que domaine de connaissances

3.1. Modèle de curriculum en tant qu'objet d'apprentissage

Le curriculum vu comme étant un objet d'apprentissage, se base sur le schéma RDF illustré par la figure16. Au niveau de ce modèle, les objets («program», «course», «module» et «lesson») définissent la structure hiérarchique d'un curriculum. L'objet «course» assure la liaison avec l'arbre de discipline objet du curriculum. L'objet «component» renferme les ressources, les activités et les évaluations. Les objets «upload ressource» et «web ressource» définissent les interactions avec le réseau internet/intranet au moment de l'enseignement/apprentissage. L'objet « contributor » définit la contribution des acteurs.

Dans ce cadre, la norme LOM offre une description détaillée de chaque objet pour assurer une utilisation adéquate et une gestion efficace. En plus, elle définit les relations hiérarchiques et sémantiques entre les objets à savoir isa, seealso, requiers, partof...

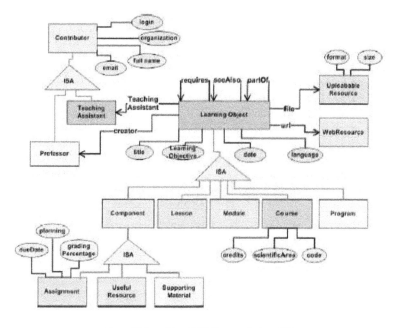

Figure 16. Le schéma RDF d'un curriculum [29]

3.2. Modèle d'un module d'enseignement

Pour raffiner les objets pédagogiques associés au module, nous utilisons le modèle illustré par la figure 17. Il comporte les types des objets pédagogiques suivants :

- Motivation : cet élément contient des exemples et des présentations pour introduire le cours pour bien motiver les étudiants;
- Théories/Connaissances fondamentales : cet élément comporte le contenu sous la forme d'une série de théories et de connaissances fondamentales;
- Exercices : cet élément renferme les exercices à appliquer;
- Exemples : cet élément contient les exemples à démontrer;
- Laboratoire virtuel : cet élément renferme des simulations qui permettent d'appliquer le contenu d'une façon interactive;
- Autre matériel : cet élément contient des éléments avancés de la littérature;
- Questions Ouvertes: cet élément comporte des questions, des problèmes et des références à d'autres domaines.

A ce niveau, nous utilisons la norme SCORM pour diffuser ce modèle sur le web.

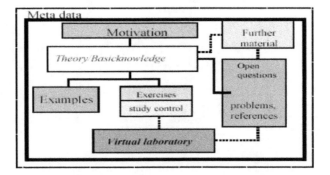

Figure 14. Modèle d'un module d'enseignement [30]

3.3 Modèle ontologique d'un domaine de connaissances

Afin de prendre en charge les documents qui peuvent être associées aux objets pédagogiques durant le déroulement des actions de formation associées au curriculum, nous proposons d'utiliser le modèle de la figure 15 permettant d'assurer une conception ontologique de tous les niveaux (KA, Unit et Topic) de discipline en tant que domaine de connaissances. Il comporte cinq ontologies, à savoir :

- « Person Ontology » : elle spécifie les personnes (cadre administratif, enseignant, étudiant...);

- « Organization Ontology » : elle spécifie les différents types d'organisations (les associations, les unités de recherche, les entreprises...);

- « Meeting Ontology » : elle renferme les types de réunions (un colloque, un atelier...);

- « Project Ontology » : elle renferme les classes des projets (un système d'information, un standard...);

- « Documentation Ontology » : elle renferme les types de documents à générer (un rapport, un article, une thèse, un guide d'utilisation...).

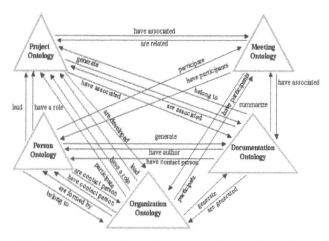

Figure 15. Conception ontologique d'un portail web de connaissances [33]

4. Modèle de traitements de XCM

4.1. Modèle de livre

L'idée ici de considérer que chaque travail des acteurs impliqués est producteur de documents. Dans ce cadre, le travail est organisé sur la base d'un modèle de livre comportant (voir figure 16) :

- Un contrat,

- Un guide à suivre,

- Des documents à produire.

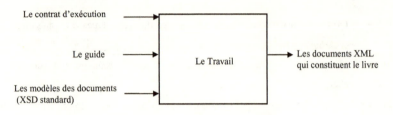

Le contrat d'exécution

Le guide → Le Travail → Les documents XML qui constituent le livre

Les modèles des documents (XSD standard)

Figure 16. Modèle de livre

4.2. Les cas d'utilisation

Dans cette section, nous présentons les cas relatifs à la gestion des documents associés au travail des acteurs.

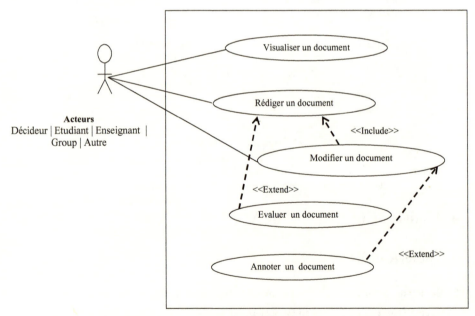

Figure 17. Diagramme des cas d'utilisation

4.2.1. Rédiger un document

C'est la rédaction d'une partie ou de la totalité de document XML (cours, examen, cv, rapport de révision) en utilisant un XSD standard pour le type de document. Il inclut le XSD de DocBook pour standardiser aussi la rédaction technique. Cette rédaction s'effectue en utilisant un éditeur XML comme XMLSpy de Altova.

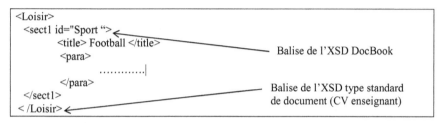

Figure 18. Exemple de rédaction de document

4.2.2. Visualiser un document

C'est le fait de visualiser plusieurs vues d'un document XML en utilisant le logiciel XML Style vision d'Altova. Par exemple, visualiser le CV d'un enseignant-chercheur en deux vues différentes : une vue qui contient les activités de recherche pour un décideur et une autre vue qui contient les activités d'enseignement pour les étudiants et les parents.

4.2.3. Modifier un document

C'est le fait de modifier les données d'un document XML en utilisant un analyseur XML (DOM : Document Object Model). Par exemple, la modification des activités d'enseignement au niveau d'un CV enseignant tout au long d'un semestre.

4.2.4. Evaluer un document

L'évaluation d'un document XML consiste à générer un autre document. Ce dernier renferme le résultat d'évaluation de la tâche spécifié au niveau du document à évaluer. Par exemple, l'évaluation d'un CV génère une attestation d'acceptation ou de refus de recrutement.

4.2.5. Annoter un document

L'annotation d'un document XML consiste à associer des informations supplémentaires à un point de document. Dans ce cadre, nous allons utiliser le schéma XML de CDM pour bien décrire le contexte dans le cadre d'une offre de formation. En outre, nous allons appliquer la norme LOM pour assurer l'utilisation, la réutilisation de document en tant qu'objet d'apprentissage.

Les exemples ci-dessous présentent l'annotation d'un cours en utilisant la spécification CDM et la norme LOM.

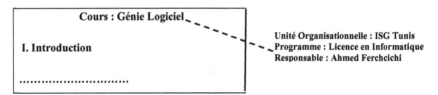

Figure 19. Exemple d'annotation de document en utilisant CDM

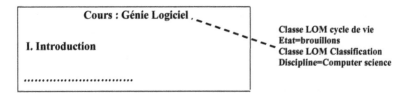

Figure 20. Exemple d'annotation de document en utilisant LOM

5. Conclusion

Dans ce chapitre, nous avons proposé un modèle XCM de données qui comporte un modèle de curriculum en tant qu'objet d'apprentissage. Nous avons enrichi ce dernier par un modèle d'un module d'enseignement et un modèle ontologique d'un portail web de connaissances pour assurer la motivation des acteurs (enseignant, étudiant, parent...).

En fait, nous avons traité un curriculum comme étant un ensemble de documents. Chaque document spécifie l'exécution d'un ensemble de tâches par un acteur dans le cadre d'une action de formation. Ils constituent les livres des acteurs. Dans ce cadre, le modèle XCM de traitement assure la rédaction, la visualisation, la modification, l'annotation et l'évaluation de ces documents.

Chapitre 5

Le Modèle XCM : Mise en œuvre

Chapitre 5

Le Modèle XCM : Mise en œuvre

1. Introduction

Dans ce chapitre, nous présentons la mise en œuvre du modèle XCM. Nous commençons d'abord par la présentation du cadre théorique en introduisant la deuxième version du schéma CDM (CurrDM) que nous avons utilisé pour décrire les documents d'une licence en informatique de gestion. Au niveau du cadre pratique, nous décrivons l'environnement matériel et logiciel de l'implémentation du modèle XCM au sein d'un système de gestion des curriculums. Enfin, nous présentons des exemples de documents d'une licence en informatique de gestion et l'interface graphique du prototype « XCM Application » pour évaluer le modèle.

2. Cadre Théorique

2.1. Schéma CurrDM

Le schéma CDM comporte plusieurs éléments à savoir l'unité organisationnelle, l'unité d'enseignement, le programme d'études et les personnes. Au niveau de ce schéma, le programme d'études est composé d'un ensemble d'entités d'enseignement ou de modules validés reconnus pour l'obtention d'un diplôme spécifique et peut être défini par un ensemble de résultats à atteindre pour obtenir un nombre spécifique de crédits [24].

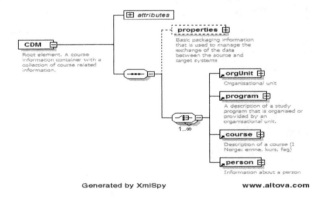

Figure 21. Schéma d'un CDM en XSD [39]

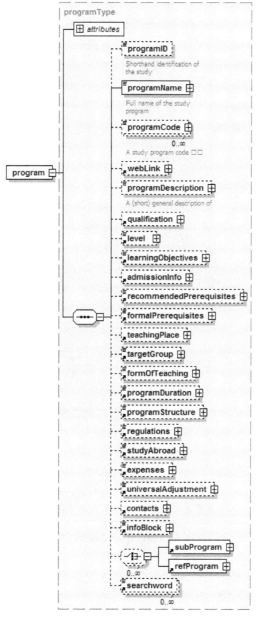

Figure 22. Schéma d'un programme d'études en XSD [39]

Lors de l'utilisation du schéma CDM pour décrire les documents de curriculums, nous avons constaté qu'il ne renferme pas d'autres schémas détaillés comme:

- le schéma de discipline en tant que domaine de connaissances,
- le schéma d'étudiant,
- le schéma d'enseignant,
- le schéma de projet,
- le schéma de réunion.

De ce fait, nous proposons le schéma CurrDM :

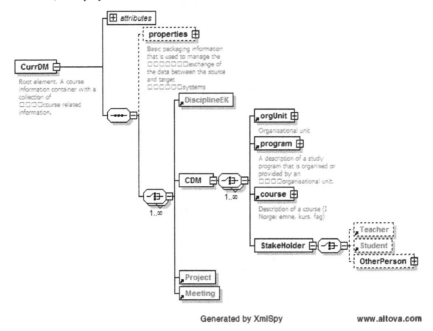

Generated by XmlSpy   www.altova.com

Figure 23. Schéma de CurrDM en XSD

2.2. Schéma de discipline en tant que domaine de connaissances

C'est un modèle qui spécifie le domaine de connaissances en termes de Knowledge Area, Unit et Topic. Chaque niveau renferme les éléments suivants :

- Identificateur,
- Nom,

- Abréviation,
- Description,
- Nombre d'heures,
- Les attributs de pertinence et les objectifs Bloom (au niveau des Topics),
- Les relations avec d'autres éléments.

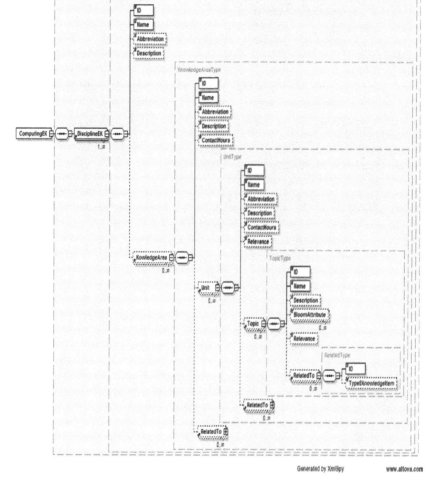

Figure 24. Schéma de domaine de connaissances en XSD

2.3. Schéma d'étudiant

C'est un schéma qui décrit les éléments suivants :

- Identification d'étudiant renferme les informations personnelles, à savoir :
    - L'identité générale et spécifique,
    - La date et le lieu de naissance,
    - La nationalité,
    - Les diplômes et les certificats,
    - Les langues,
    - Les activités de loisir.

- Chaque activité d'étudiant (activité d'apprentissage ou activité de recherche) renferme:
    - Identification de l'activité inclut le titre, la date, le lieu, les références de (personnes, projets, thèmes, activités d'enseignement, unités, programme et cours), les objectifs et les prérequis;
    - Le rôle de l'activité;
    - La description de l'activité;
    - Les ressources de l'activité;
    - Le schéma qui décrit la structure spécifique de l'activité;
    - Les résultats de l'activité (papier, thèse, rapport...).

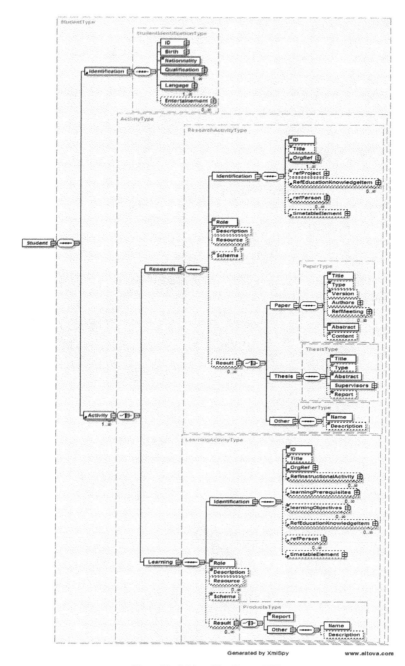

Generated by XmlSpy   www.altova.com

Figure 25. Schéma d'étudiant en XSD

2.4. Schéma d'enseignant

C'est un schéma qui décrit les éléments suivants :

- Identification d'enseignant renferme les informations personnelles, à savoir :
  - o L'identité générale,
  - o La date et le lieu de naissance,
  - o La nationalité,
  - o Les diplômes et les certificats,
  - o L'expérience professionnelle,
  - o Les langues,
  - o Les activités de loisir,
  - o La biographie.

- Chaque activité d'enseignant (activité d'enseignement ou activité de recherche) renferme :
  - o L'identification de l'activité inclut le titre, la date, le lieu, les références de (personnes, projets, thèmes, unités, programmes et cours), les objectifs et les prérequis;
  - o Le rôle de l'activité;
  - o La description de l'activité;
  - o Les ressources de l'activité;
  - o Le schéma qui décrit la structure spécifique de l'activité;
  - o Les résultats de l'activité (papier, thèse, rapport…).

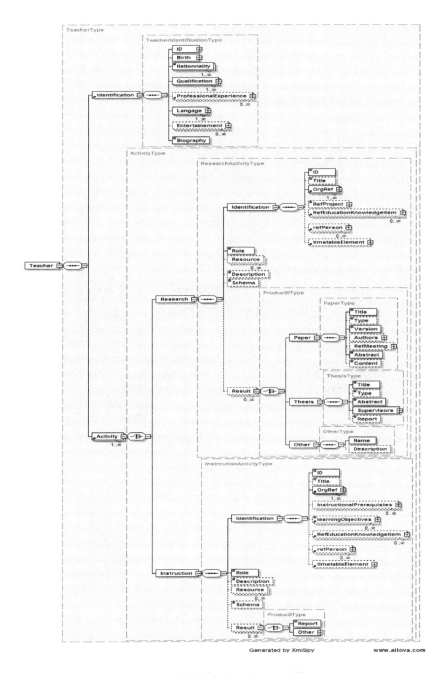

Figure 26. Schéma d'enseignant en XSD

2.5. Schéma de projet de recherche

C'est un schéma qui décrit les éléments suivants :

- Identification de projet renferme :
  - o L'identité,
  - o Le nom de projet,
  - o Le type de projet,
  - o La date, durée et le lieu projet,
  - o Les comités de projet,
  - o Les références de thèmes et d'unités,
  - o La description de projet.

- Chaque activité de projet renferme:
  - o L'identification de l'activité inclut le titre, la date, la durée, le lieu et les références de (comités, personnes et thèmes);
  - o Le rôle de l'activité;
  - o La description de l'activité;
  - o Les ressources de l'activité;
  - o Le schéma qui décrit la structure spécifique de l'activité;
  - o Les résultats de l'activité (rapport…).

- Advancement renferme la date, le nom et la description de chaque état d'avancement de projet.

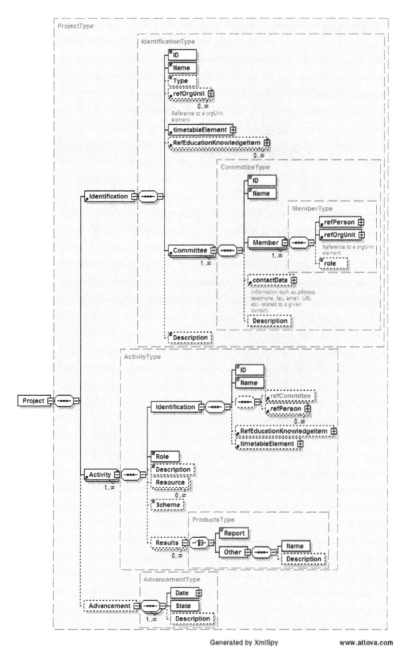

Generated by XmlSpy   www.altova.com

Figure 27. Schéma de projet de recherche en XSD

2.6. Schéma de réunion

C'est un schéma qui décrit les éléments suivants :

- Identification d'une réunion renferme :
  - o L'identité,
  - o Le nom de la réunion,
  - o Le type et le numéro de la réunion,
  - o La date, durée et le lieu de la réunion,
  - o Les comités de la réunion,
  - o Les références de thèmes, de projets et d'unités,
  - o La description de la réunion.

- Chaque activité d'une réunion (Lecture, Exhibition, Tutorial et Other) renferme:
  - o L'identification de l'activité inclut le titre, les thèmes, la date, la durée, le lieu, les références de (comités, personnes et thèmes), les objectifs et les prérequis;
  - o Le rôle de l'activité;
  - o La description de l'activité;
  - o Les ressources de l'activité;
  - o Le schéma qui décrit la structure spécifique de l'activité;
  - o Les résultats de l'activité (papier, rapport…).

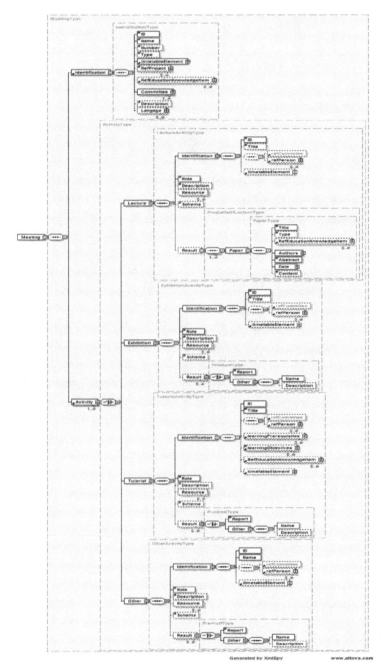

Generated by XmlSpy   www.altova.com

Figure 28. Schéma de réunion en XSD

3. Cadre Pratique

3.1. Environnement matériel

3.1.1. Architecture n-tiers

En règle générale, une application informatique peut être découpée en trois niveaux d'abstraction distincts [35] :

- La couche de présentation, encore appelée IHM, permet l'interaction de l'application avec l'utilisateur.
- La logique applicative, les traitements, décrivant les travaux à réaliser par l'application.
- Les données.

Le noyau de l'application est composé de la logique de l'affichage et la logique des traitements. Le découpage et la répartition de ce noyau permettent de distinguer les architectures applicatives suivantes [35]:

- Architecture 1-tiers : les trois couches applicatives sont intimement liées et s'exécutent sur le même ordinateur.

- Architecture 2-tiers : Dans une architecture deux tiers, encore appelée client-serveur de première génération ou client-serveur de données, le poste client se contente de déléguer la gestion des données à un service spécialisé.

- Architecture 3-tiers : elle applique les principes suivants :
  - o Les données sont toujours gérées de façon centralisée,
  - o La présentation est toujours prise en charge par le poste client,
  - o La logique applicative est prise en charge par un serveur intermédiaire.

- Architecture n-tiers : elle a été pensée pour pallier aux limitations des architectures trois tiers et concevoir des applications puissantes et simples à maintenir. Ce type d'architecture permet de distribuer plus librement la logique applicative, ce qui facilite la répartition de la charge entre tous les niveaux.

3.2. Environnement logiciel

Afin de concrétiser notre modèle, nous avons opté pour un environnement purement XML (ALTOVA XML Suite). De ce fait, nous avons combiné :

- Altova XML SPY: Il est considéré comme un élément essentiel de la suite Altova pour la gestion des documents XML. Il a été conçu pour créer, mettre à jour et transformer des documents XML en d'autres formats.

- Altova XML Style Vision: Altova XML Style vision permet de programmer des feuilles de style. Ces feuilles transforment des documents XML en (HTML, RTF et PDF) tout en répondant aux requêtes avancées des utilisateurs.

- Altova XML SemanticWorks: il permet de spécifier des ontologies en utilisant le langage OWL.

4. Exemples de documents

Pour assurer la mise en œuvre du modèle XCM, nous avons rédigé plusieurs documents d'une licence fondamentale en informatique de gestion en utilisant le schéma CurrDM. Parmi ces documents, nous présentons:

- Un document qui décrit « l'ISG Tunis » comme une unité organisationnelle.
- Un document qui décrit « la licence fondamentale en informatique de gestion» comme un programme d'études proposé par « l'ISG Tunis ».
- Un document qui décrit le cours de « base de données » comme un cours d'une «licence fondamentale en informatique de gestion».
- Un document qui décrit « la conception des bases de données » comme une activité d'enseignement au niveau du cours « base de données ».
- Un document qui décrit une étude de cas comme une activité d'apprentissage au niveau du cours « base de données ».

4.1. Unité organisationnelle

```
<OrgUnit>
<OrgUnitName>
        <Text> ISG Tunis</Text>
</OrgUnitName>
<OrgUnitAcronym>ISG TUN</OrgUnitAcronym>
<OrgUnitCode>IS000001</OrgUnitCode>
<OrgUnitKind>Institution of higher education</OrgUnitKind>
<OrgUnitDescription>
< Sect1>
<Title>Description of the institution</Title>
<Para>ISG is largest and oldest institution of higher education. It was founded in 19XX .
Today the ISG has approx. A000 students and B00 employees. </Para>
</Sect1>
<SubBlock>
        <Header>Academic calendar</Header>
        <SubBlock>
                <Header>First semester</Header>
                <List>
                    <ListItem><Bold>10 September </Bold> First day of classes</ListItem>
                    <ListItem><Bold>10 January</Bold> First day of exams </ListItem>
                    </List>
        </SubBlock>
        <SubBlock>
                <Header>Second semester</Header>
                <List>
                <ListItem><Bold>20 January</Bold>First day of classes</ListItem>
                <ListItem><Bold>10 May</Bold>First day of exams</ListItem>
                </List>
        </SubBlock>
</SubBlock>
<SubBlock>
        <Header>Academic authorities<Header>
        <Para>The ISG is governed by The University of Tunis. </Para>
</SubBlock>
<SubBlock>
        <Header>List of degree programs</Header>
        <WebLink><Href>http://www.isg.rnu.tn/PrmesEtudes.html</Href></WebLink>
</SubBlock>
</OrgUnitDescription>

<AdmissionInfo>
<AdmissionDescription>
        <Header>Admission/registration procedures</Header>
        <SubBlock>
        <Para>to be eligible to apply to the ISG, international applicants must fulfill the basic
entrance requirements for admission to tunisian universities. </Para>
        </SubBlock>
```

```
</AdmissionDescription>
</AdmissionInfo>

<Regulations>
    <Header>Main university regulations</Header>...
</Regulations>

<StudentFacilities>
    <Header>General information for students</Header>
    <SubBlock>
        <Header>Insurance</Header>...
    </SubBlock>
    <SubBlock>
        <Header>Financial support for students</Header>...
    </SubBlock>
    <SubBlock>
        <Header>Study facilities</Header>
        <Para>The library covers the library service needs of the students, faculty and
staff. </Para>
</StudentFacilities>

<Contacts>
    <ContactData>
        <Adr>
            <Pobox>41</Pobox>
            <Street>Rue de La liberté </Street>
            <Locality>Bouchoucha</Locality>
            <Region>Bardo</Region>
            <Pcode>2000</Pcode>
            <Country>Tunisia</Country>
        </Adr>
        <Telephone>+216 71 561 854</Telephone>
        <Fax>+216 71 568 767</Fax>
        <Email>webmaster@isg.rnu.tn</Email>
        <WebLink><Href>http://www.isg.rnu.tn</Href></WebLink>
    </ContactData>
</Contacts>
< /OrgUnit>
```

Figure 29. Exemple d'une unite organisationnelle

4.2. Programme des études

```
<Program>
<ProgramName>
    <Text>LFIAG Program</Text>
</ProgramName>

<ProgramDescription>
<Para>Program focuses on Software Engineering in theory and practice. </Para>
</ProgramDescription>

<LearningObjectives>
    <SubBlock>
        <Para>Show mastery of the software engineering knowledge and skills, and
professional issues to begin practice as a software engineer.</Para>
    </SubBlock>
    <SubBlock>
        <Para>Work as an individual and as part of a team to develop and deliver
quality software. </Para>
    </SubBlock>
    <SubBlock>
        <Para>Reconcile conflicting project objectives, finding acceptable
compromises within limitations cost, time, knowledge, existing systems, and organizations.
        </Para>
    </SubBlock>
    <SubBlock>
        <Para>Design appropriate solutions in one or more application domains using
software approaches that integrate ethical, social, legal, and economic concerns. </Para>
    </SubBlock>
    <SubBlock>
        <Para>Demonstrate an understanding of and apply current theories, models, and
techniques that a basis for problem identification and analysis, software design, development,
verification, and documentation. </Para>
    </SubBlock>
    <SubBlock>
        <Para>Demonstrate an understanding and appreciation for the importance of
negotiation, effective habits, leadership, and good communication. </Para>
    </SubBlock>
...
</LearningObjectives>

<AdmissionInfo>
    <AdmissionDescription>
        <Para> The License's Degree is based on a successfully completed Bachelor's
Degree of at least 3 years' duration beyond the minimum requirements for matriculation at a
Tunisian institution of higher education.</Para>
    </AdmissionDescription>
    <StudentPlaces>
        <Header>150 students </Header>
```

```
        </StudentPlaces>
        <TeachingStart>
                <Header>12 September </Header>
        </TeachingStart>
        <RegistrationDeadline>
          <List>
                <ListItem> 1 September for Quota Scholarship Program applicants.
                </ListItem>
                <ListItem>15 September for international self funding applicants</ListItem>
          </List>
        </RegistrationDeadline>
        <CancelDeadline>
                <List>
                <ListItem> 1 November for Quota Scholarship Program applicants.
                </ListItem>
                <ListItem>20 November for international self funding applicants</ListItem>
                </List>
        </CancelDeadline>
</AdmissionInfo>

<ProgramDuration>
        <Header>6 Semesters</Header>
</ProgramDuration>

<ProgramStructure>
        <Header>Course structure diagram with credits</Header>
        <refProgram ref="First Year Program"/>
        <refProgram ref="Second Year Program"/>
        <refProgram ref="Third Year Program"/>
        <WebLink><Href>http:\\www.isg.rnu.tn\diagSEcourses.html</Href></WebLink>
<SubBlock>
        <Para> The License's Degree program requires successful completion of at least 25
courses (10 credits each) and successful completion of License's thesis (30 credits).
        </Para>
 </SubBlock>
</ProgramStructure>

<Regulations>
        <Header>Examination and assessment regulations</Header>
        ...
</Regulations>

 <Expenses>
        <Header>50DT/Semester </Header>
</Expenses>

<Contacts>
        <InfoBlock>
                <Header>IAG Departmental co-coordinator</Header>
        </InfoBlock>
```

```xml
<ContactData>
        <ContactName>
                <Text>IAG Department</Text>
        </ContactName>
        <Adr>
                <Pobox>41</Pobox>
                <Street>Rue de La liberté </Street>
                <Locality>bouchoucha</Locality>
                <Region>Bardo</Region>
                <Pcode>2000</Pcode>
                <Country>Tunisia</Country>
        </Adr>
        <Telephone>+216 71 561 854</Telephone>
        <Fax>+216 71 568 767</Fax>
        <Email>IAGco@isg.rnu.tn</Email>
        <WebLink><Href>http://www.isg.rnu.tn</Href></WebLink>
    </ContactData>
</Contacts>

<SubProgram>
        <ProgramName>
                <Text>First Year Program</Text>
        </ProgramName>
        <ProgramStructure>
                <refProgram ref="Semestre1"/>
                <refProgram ref="Semestre2 "/>
        </ProgramStructure>
        <SubProgram>
                <ProgramName>
                        <Text>Semstre1</Text>
                </ProgramName>
                <ProgramStructure>

                <SubBlock>
                        <Header>Fund Units</Header>
                        <course ident="ue1">
                        <courseName>
                                <text>Programming</text>
                        </courseName>
                        <coursecode codeSet="UE">PR01</coursecode>
                        <courseDescription>
                            <subBlock userDefined="courseStructure">
                                <header>ECUE</header>
                                <refCourse ref="Programming Fundamentals"/>
                                <refCourse ref="Data Structures and Algorithms"/>
                            </subBlock>
                        </courseDescription>
                        </course>
                        <course ident="ue2">
                        <courseName>
```

```xml
            <text>Mathematics</text>
        </courseName>
        <coursecode codeSet="UE">M01</coursecode>
        <courseDescription>
            <subBlock userDefined="courseStructure">
                <header>ECUE</header>
                <refCourse ref="Algeb"/>
                <refCourse ref="Analy"/>
            </subBlock>
        </courseDescription>
    </course>
    <course ident="ue3">
        <courseName>
            <text>Systems</text>
        </courseName>
        <coursecode codeSet="UE">S01</coursecode>
        <courseDescription>
            <subBlock userDefined="courseStructure">
                <header>ECUE</header>
                <refCourse ref="Operating system"/>
                <refCourse ref="Logical system"/>
            </subBlock>
        </courseDescription>
    </course>
    <course ident="ue4">
        <courseName>
            <text>Management</text>
        </courseName>
        <coursecode codeSet="UE">M01</coursecode>
        <courseDescription>
            <subBlock userDefined="courseStructure">
                <header>ECUE</header>
                <refCourse ref="ManagPrincip"/>
                <refCourse ref="general accounting "/>
            </subBlock>
        </courseDescription>
    </course>
</SubBlock>

<SubBlock>
    <Header>Opt Units </Header>
    <course ident="ue1o">
        <courseName>
            <text> Exp Techniques </text>
        </courseName>
        <coursecode codeSet="UE">ET01</coursecode>
        <courseDescription>
            <subBlock userDefined="courseStructure">
                <header>ECUE</header>
                <refCourse ref="English"/>
```

```
                    <refCourse ref="C2i"/>
                    <refCourse ref="OralTechCommunication"/>
                </subBlock>
            </courseDescription>
            </course>
        </SubBlock>
        <SubBlock>
            <Header>Trs Course</Header>
            <course ident="ue1t">
                <courseName>
                    <text>Trans 1</text>
                </courseName>
                <coursecode codeSet="UE">ET01</coursecode>
                <courseDescription>
                    <subBlock userDefined="courseStructure">
                        <header>ECUE</header>
                        <refCourse ref="Computer System"/>
                        <refCourse ref="technmultimedia"/>
                    </subBlock>
                </courseDescription>
            </course>
        </SubBlock>
        </ProgramStructure>
    </SubProgram>
    ...
</SubProgram>
...
</Program>
```

Figure 30. Exemple d'un programme des études

4.3. Cours

```
<Course>
<CourseID>INF3100</CourseID>
<CourseName>
      <Text>Database</Text>
</CourseName>
<CourseCode>INF3100</CourseCode>
<WebLink role="homepage"><Href>CourseWebSite</Href></WebLink>

<CourseDescription>
<SubBlock>
<Header>Course contents</Header>
      <List>
      <ListItem>Databases and information systems.</ListItem>
      <ListItem>The 3-schema architecture. </ListItem>
      <ListItem>Database design from ER models and UML class diagrams.</ListItem>
      <ListItem>The relational model </ListItem>
      <ListItem>Relational algebra </ListItem>
      <ListItem>Normalization theory </ListItem>
      <ListItem>Relational databases and SQL </ListItem>
      <ListItem>Object-oriented databases and ODL/OQL </ListItem>
      <ListItem>Serialization of transactions, handling of conflicts and deadlocks
      </ListItem>
      <ListItem>Distributed databases </ListItem>
      <ListItem>Storage media </ListItem>
      <ListItem>Database administration </ListItem>
      <ListItem>Implementation with focus on optimization and file organization.
      </ListItem>
</CourseDescription>

<Level>
      <Header>Level of course</Header>
</Level>
<TeachingTerm start="2005-01-15">
      <Header>Year of study</Header>
</TeachingTerm>

<Credits ECTScredits="4">
      <Header>Number of credits</Header>
</Credits>

<LearningObjectives>
      <SubBlock>
            <Header>Objectives of the course</Header>
            <Para>To give the students knowledge of the theoretical foundation of
database systems and an understanding of what database management systems do, how they
work, how they are implemented, and the theoretical and practical problems connected to
running them. </Para>
```

```
        </SubBlock>
</LearningObjectives>

<RecommendedPrerequisites>
        <Header>Recommended prerequisites</Header>
        <WebLink>
                <Href>Ref1</Href>
                <LinkName>INF1020 - Algorithm and data structures </LinkName>
        </WebLink>
        And
         <WebLink>
                <Href>Ref2</Href>
                <LinkName>MAT1030 - Discrete mathematics</LinkName>
        </WebLink>
</RecommendedPrerequisites>

<FormalPrerequisites>
        <Header>Formal prerequisites</Header>
        <WebLink>
                <Href>Ref3</Href>
                <LinkName>INF1010 - Object oriented programming</LinkName>
        </WebLink>
         And
        <WebLink>
                <Href>Ref4</Href>
                <LinkName>INF1050 - Information Systems</LinkName>
        </WebLink>
</FormalPrerequisites>

<FormOfTeaching>
        <SubBlock>
        <Header>Teaching methods</Header>
        <Para>2 hours of lectures and 2 hours of problem sessions per week. The students
must pass obligatory tasks before they are admitted to take the exam. </Para>
        </SubBlock>
</FormOfTeaching>

<FormOfAssessment>
    <SubBlock>
        <Header>Assessment methods</Header>
        <Para>3 hour written examination at the end of the semester. Graded marks.</Para>
    </SubBlock>
</FormOfAssessment>

<InstructionLanguage>
        <SubBlock>
            <Header>Language of instruction</Header>
            <Para>English if requested by exchange students, otherwise French. </Para>
        </SubBlock>
</InstructionLanguage>
```

```
<Syllabus>
    <SubBlock>
        <Header>Recommended reading</Header>
        <Para>Garcia-Molina, Ullman, Widom: Database Systems - The Complete
Book</Para>
        </SubBlock>
</Syllabus>

<Contacts>
    <Person>
        <Name>
            <Given>Ahmed</Given>
            <Family>Ferchichi</Family>
        </Name>
        <Role>
            <Text>Teacher</Text>
        </Role>
    </Person>
</Contacts>
</Course>
```

Figure 31. Exemple d'un cours

4.4. Activité d'enseignement

```
<Activity>

<Instruction>
      <Identification>
            <ID>ENS100</ID>
            <Title>Database Design</Title>
            <OrgRef>
                        <refOrgUnit ref=" ISG Tunis"/>
                        <refProgram ref=" LFIAG Program "/>
                        <refCourse ref=" Database/>
            </OrgRef>

      <InstructionalPrerequistes>
                  <RecommendedPrerequisites>
                        <Header>Recommended prerequisites</Header>
                        <WebLink>
                        <Href>Ref1</Href>
                        <LinkName>INF020 – Data Structure </LinkName>
                        </WebLink>
                              …
                  </RecommendedPrerequisites>
                  <FormalPrerequisites>
                        <Header>Formal prerequisites</Header>
                        <WebLink>
                        <Href>Ref3</Href>
                        <LinkName>INF040 – Software Design</LinkName>
                        </WebLink>
                              …
                  </FormalPrerequisites>
            </InstructionalPrerequistes>
            <learningObjectives>
                  <SubBlock>
                  <Header> Activity Objectives </Header>
                  <Para>to give the students knowledge of the theoretical foundation of
database design …. </Para>
                  </SubBlock>
            </learningObjectives>

            <refEducationKnowledgeItem ref="SE.MAA.md"  >
            <refEducationKnowledgeItem ref=" SE.DES.con"  >
            <refEducationKnowledgeItem ref=" SE.DES.str "  >

            <refPerson ref="peson1"  role="Teacher"/>
            <refPerson ref="peson2"  role="Teacher"/>

            <Timetable Element>
              <singleEvent>
```

```
                    <Start>
                        <Header>13/09/2007_ 16:00 </Header>
                    </Start>
                    <End>
                        <Header>13/09/2007_ 18:00 </Header>
                    </End>
                </singleEvent>
            <teachingPlace> <Header> Lab08 </Header> </teachingPlace>
            </Timetable Element>

<Role>
        <Header>Define Database Design <Header>
</Role>

<Description>
        <Header>A brief description of activity<Header>
        ....
</Description>
<Resource>
        <WebLink>
            <Href>Ref9</Href>
            <LinkName>what's a Database? </LinkName>
        </WebLink>
</ Resource >
...
<Schema>
        <Motivation>...</Motivation>
        < Theory/Basic knowledge >.... </ Theory/Basic knowledge >
        <Open question>...</Open question>
        <Examples>...</Examples>
</ Schema>

<Result>
        <Report><Name> Definition of Database Design </ Name></Report>
</ Result >
< Result >
        <Report><Name>Database Design Methods </ Name></Report>
</ Result>
</ Instruction>
</ Activity>
```

Figure 32. Exemple d'une activité d'enseignement

4.5. Activité d'apprentissage

```
<Activity>

<Learning>
      <Identification>
            <ID>LRE100</ID>
            <Title>Study Case: Curriculum Database</Title>
            <OrgRef>
                      <refOrgUnit ref=" ISG Tunis"/>
                      <refProgram ref="LFIAG Program"/>
                      <refCourse ref=" Database "/>
            </OrgRef>

            <learningPrerequistes>
                      <RecommendedPrerequisites>
                            <Header>Recommended prerequisites</Header>
                            <WebLink>
                            <Href>Ref1</Href>
                            <LinkName>INF020 – Data Structure </LinkName>
                            </WebLink>
                            ...
                      </RecommendedPrerequisites>
                      <FormalPrerequisites>
                            <Header>Formal prerequisites</Header>
                            <WebLink>
                            <Href>Ref3</Href>
                            <LinkName>INF040 – Software Design</LinkName>
                            </WebLink>
                            <WebLink>
                             <Href>Ref4</Href>
                            <LinkName>INF042 – Software Construction</LinkName>
                            </WebLink>
                            <WebLink>
                             <Href>Ref5</Href>
                            <LinkName>INF3100 – Database System</LinkName>
                            </WebLink>
                            ...
                      </FormalPrerequisites>
            </learningPrerequistes>

            <learningObjectives>
                      <SubBlock>
                            <Header> Activity Objectives </Header>
                            <Para>Apply database design skills </Para>
                      </SubBlock>
            </learningObjectives>
            <refInstructionalActivity ref= "Database Design: Introduction" >
            ...
```

```xml
<refEducationKnowledgeItem ref="SE.CMP.cf.2">
<refEducationKnowledgeItem ref=" SE.CMP.tl"  >

<refPerson ref="peson1"  role="Teacher"/>
<refPerson ref="peson2"  role="Student"/>

<Timetable Element>
  <reoccuringEvents>
        <occurenceRule>
            <Header>Each Monday_14:00-17:00</Header>
        </occurenceRule >
        <dateFrom><Header>13/09/2007</Header> </dateFrom>
        <dateTo><Header>13/10/2007</Header> </dateTo>
    </reoccuringEvents >
    <teachingPlace>Online</teachingPlace>
  </Timetable Element>
<Role>
    <Header> to design a curriculum Database <Header>
</Role>

<Description>
    <Header>A brief description of activity<Header>
    ....
</Description>
<Resource>
    <WebLink>
      <Href>Ref7</Href>
      <LinkName>Guide of Curriculum Database </LinkName>
    </WebLink>
</ Resource >
...
<Schema>
    <Step1>.... </Step1>
        ...
    <Stepn> ...</Stepn>
</ Schema>

< Result >
    <Report><Name> Logical Model of Curriculum Database</ Name></Report>
</ Result >
< Result >
    <Name>Curriculum Database File </ Name>
    <Description>
      <Href> refCDfile </ Href>
        ...
    </ Description>
</ Result >

</ Learning >
```

```
</ Activity>
```

Figure 33. Exemple d'une activité d'apprentissage

5. Prototype

Dans ce qui suit, nous allons présenter un aperçu de l'interface graphique du prototype XCM réalisée sur une plateforme Windows et implémentée dans un environnent XML Spy. L'interface se subdivise suivant les ontologies d'un domaine de connaissances (voir figure 15). Au niveau de chaque onglet (division), le schéma Curriculum Metadata est affiché dans le panneau gauche de l'interface et le schéma de livre de division est à droite (DocBook Schema V4.5). Notons que pour la structure de l'objet pédagogique sélectionnée sera affiché dans la zone « LOM» de l'interface.

Le résultat de l'application des actions (write, view, modify, evaluate et annotate) est affiché dans la zone document. En plus, les zones « Related To » et « ID » simplifient l'accès et la navigation dans le domaine de connaissances d'une discipline. Au niveau de chaque document, Les zones « Selected CurrDM/Book Element » et « Learning Object ID » rendent la navigation plus simple et l'accès plus précis.

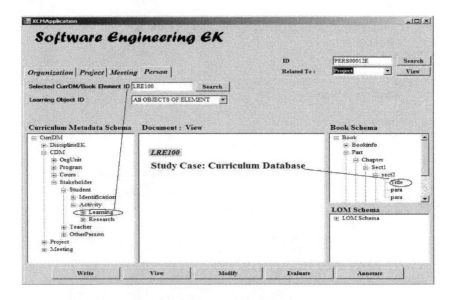

Figure 34. Interface graphique du prototype

6. Evaluation

Notre modèle XCM qui permet de gérer les curriculums s'appuie sur plusieurs qualités que nous justifions dans ce qui suit :

- **Standardisation** : XCM offre un modèle standard de description et de traitement de documents des curriculums.

- **Facilité d'emploi** : l'application du modèle XCM permet de répondre aux besoins d'utilisateurs variés, ayant des profils divers. En fait, nous avons essayé de concevoir une interface à caractère générique, facile à utiliser par des personnes présentant des formations et des compétences différentes.

- **Portabilité** : notre modèle est qualifié portable puisqu'il peut être facilement transféré d'un environnement à un autre.

- **Robustesse** : la robustesse, comme étant l'aptitude d'un logiciel à réagir de manière appropriée à des conditions anormales, a été traitée dans notre modèle puisque la technologie XML offre des mécanismes pour traiter les exceptions tout en séparant les données, les traitements et les présentations.

- **Extensibilité** : XCM peut être qualifié d'extensible puisque d'une part, nous avons opté pour une conception simple, d'autre part, nous avons implémenté le modèle à l'aide de la technologie XML favorisant l'obtention de logiciels extensibles.

7. Conclusion

Le système de gestion des curriculums gère plusieurs documents. Ces documents adoptent différentes structures. Dans ce cadre, le schéma CurrDM propose une structure standard de description des documents.

A ce niveau, nous avons utilisé cette structure dans un environnement XML tout en adoptant une architecture n-tiers pour implémenter un prototype du modèle XCM. En fait, l'utilisation de ce prototype pour gérer les documents d'une licence fondamentale en informatique de gestion justifie les qualités du modèle XCM (standardisation, extensibilité, facilité d'emploi, protabilité et robustesse).

Conclusion

Nous nous sommes intéressés à la conception et la mise en œuvre d'un modèle de données et de traitements pouvant être exploité par les systèmes de gestion des curriculums.

Notre travail empirique a démarré avec l'étude des curriculums pour l'informatique développés à l'échelle internationale par les associations scientifiques et professionnelles concernées.

Nous avons constaté que ces curriculums manquent de modèle de structuration pour favoriser leur mise à jour collaborative sur le web.

A cet effet, nous avons abouti à un modèle appelé XCM (XML Curriculum Model) basé sur les technologies et les concepts:

- Le standard de la documentation DocBook
- Les schémas de métadonnées DublinCore, LOM et CDM
- Les standards de traitement de métadonnées RDF et Topic Maps
- Le concept d'ontologie
- La norme SCORM

Nous avons en particulier utilisé ce modèle pour décrire des curriculums réels en particulier la licence fondamentale en informatique de gestion. Cette utilisation justifie les qualités de modèle XCM :

- Standardisation
- Extensibilité
- Facilité d'emploi
- Protabilité
- Robustesse

A ce jour, notre modèle présente à notre avis les avantages suivants:

- L'utilisation de la technologie XML nous a permis d'enrichir la description sémantique et l'échange des données d'un curriculum.
- L'utilisation des ontologies qui définissent une sémantique formelle pour le contenu des documents de curriculum permettant son exploitation par un ordinateur.
- L'utilisation de la norme SCORM pour assurer la réutilisabilité des modules d'enseignement.

- L'application d'un schéma RDF pour standardiser la définition de curriculum sur le web.
- L'application du modèle de livre pour standardiser le travail des acteurs impliqués dans les actions de formation.

Par ailleurs, certaines limites sont apparues:

- Le schéma CurrDM (Curriculum Data Model) n'est pas assez complet dans la mesure où il n'existe aucun XSD standard pour décrire les parents, les décideurs...
- La plupart des documents ne sont pas décrites d'une manière précise
- La conception ontologique exige une spécification formelle des domaines de connaissances

Il semble à notre avis que le modèle XCM peut être amélioré dans les directions suivantes :

- Le développement d'autres XSD standards à inclure dans le CurrDM pour décrire toutes les étapes de cycle de vie d'une action de formation
- L'utilisation des documents agents pour assurer une description précise et une gestion efficace des documents de curriculum sur le web.
- L'utilisation de langage RuleML pour prouver la vérité par les agents lors de la gestion de curriculums

Bibliographie

[1]   MILED, M. (2005). Un cadre conceptuel pour l'élaboration d'un curriculum selon L'approche par les compétences, *La refonte de la pédagogie en Algérie – Défis et enjeux d'une société en mutation*, Alger : UNESCO-ONPS

[2]   Wilkes, F.A. Johnson, D.W. et Ormond, P. (2002). Is a Curriculum Management System in Your Future? , Accessible en ligne à l'adresse : http://www.allofe.com/gen/corp_generated_bin/documents/basic_module /cms_in_your_futur-e.pdf, Dernier accès: 2006-03-21.

[3]   Attar, P. (2002). DocBook, Accessible en ligne à l'adresse : http://www.tireme.fr/glossaire/SPEC-DOCBOOK.html, Dernier accès: 2007-02-12.

[4]   Mora, L. et Smith, K. (2004). Managing Curriculum, Instruction, Assessment & Data in the Information Age, Accessible en ligne à l'adresse : http://zeus.northside.isd.tenet.edu/technology/TASB_CMS.ppt, Dernier accès: 2006-07-14.

[5]   Hueg, K., Basterone, B. et Nunez, C. (2005). Building an Online Curriculum Management System to Improve Teaching and Learning an assist in Documenting Student Learning Outcomes, *The conference of Innovations, Dallas, October 23-26, 2005*

[6]   AlloFe. Curriculum Management Functional Summary, Accessible en ligne à l'adresse : http://www.ecurriculum.net/gen/ecurriculum_generated_pages/ Functional_Summary_m9.htm, Dernier accès: 2006-01-14.

[7]   Eilean, G. S. Moloney, P.J. Hughes, C.S. Mobbs, S.L. Toohey, S.M. et Leeper, J.B. McNeil, H.B. (2001). Development of eMedTM - a Comprehensive and Modular Curriculum Management System, Accessible en ligne à l'adresse : http://www.ltu.unsw.edu.au/content/userDocs/Sdoc1.pdf, Dernier accès: 2006-05-10.

[8]   Wikipédia. La discipline, Accessible en ligne à l'adresse : http://fr.wikipedia.org/wiki /Discipline, Dernier accès: 2007-03-21.

[9]   ACM, AIS et IEEE-CS (2005). Computing Curricula 2005 The overview report, Accessible en ligne à l'adresse : http://www.acm.org/education/curric_vols/CC2005-March06Final.pdf, Dernier accès: 2006-09-12.

[10]   DLNET, (2003). A Digital Library Network for Engineering and Technology Report, Accessible en ligne à l'adresse : http://www.dlnet.vt.edu/Reports_and_Publications/ DLNET%20FINAL%20REPORT.pdf , Dernier accès: 2006-12-21.

[11]   BERNERS-Lee, T. HENDLER, J. et LASILLA, O. (2001). The Semantic web, *Scientific American, may 2001*

[12]   Aussenac, G.N. (2006). Introduction au web sémantique, URFIST Toulouse. Accessible en ligne à l'adresse : http://www.unice.fr/SPIP_Urfist/IMG/ppt/WebSemantique1-2006.ppt, Dernier accès: 2007-03-21.

[13]   Oh, S. (2006) . Ontology Design Using Topic Maps in Korean Cultural Artifacts Domain, Sungkyunkwan University, *International Conference Center Kobe, Port Island , Kobe City, Japan, 20th-22nd March, 2006*

[14]   Euzenat, J. et Troncy, R. (2004). Web sémantique et pratiques documentaires, Accessible en ligne à l'adresse : ftp://ftp.inrialpes.fr/pub/exmo/publications/euzenat2004e.pdf, Dernier accès: 2007-05-08.

[15]   GARLATTI, S. Le Web sémantique, Semantic Web: The new Internet of Meanings, École National Supérieure des Télécommunications (ENST) de Bretagne. Accessible en ligne à l'adresse : http://www.ifi.auf.org/ecole_ete/2004/DocSIOrienteUtilisateur/cours-Vietnam/cours04-Semantic-Web-Vietnam.ppt , Dernier accès: 2006-11-23.

[16]   PHAN Quang Trung Tien (2005). Ontologies et Web services, Institut de la Francophonie pour l'Informatique. Accessible en ligne à l'adresse : http://www.ifi.refer.org/rapports/tipe/promo10/tipe-phan_quang_trung_tien.pdf   ,   Dernier accès: 2006-07-23.

[17]   Attar, P. (2005). XML - Langage de balisage étendu, Accessible en ligne à l'adresse : http://www.mutu-xml.org/xml-base/, Dernier accès: 2005-11-10.

[18]   Lazimer E. (1999). XML expliqué pour les débutants, Accessible en ligne à l'adresse : http://www.chez.com/xml/initiation, Dernier accès: 2005-11-27.

[19]   Allorge, S. (2000). XML, Accessible en ligne à l'adresse : http://madsemusdipc1.insa-rouen.fr/tutoriaux/xml/, Dernier accès: 2006-01-10.

[20]   Wyke, R.A. (2002). XML Manuel de Référence, Microsoft Presse, 2002. ISBN 13: 978-2100065202, pp 12

[21]   W3C Consortium (2000). Objectives de la recommandation XML, Accessible en ligne à l'adresse :   http://www.w3.org/TR/2000/REC-xml-20001006=sec-origin-goals,   Dernier accès: 2006-01-10.

[22]   Girard, D. et Crusson, T. (2001). XML pour l'entreprise, Accessible en ligne à l'adresse : http://www.application-servers.com/livresblancs/xml, Dernier accès: 2005-12-10.

[23]   l'altruiste le guide des langages Web. Accessible en ligne à l'adresse : http://www.laltruiste.com, Dernier accès: 2006-04-10.

[24]   Rapport de traduction du Ministère de l'éducation nationale de l'enseignement supérieur et de la recherche française (2004). Spécification des métadonnées de description de cours (CDM). Accessible en ligne à l'adresse : http://www.cdm-fr.fr/workgroups/ge-sdtice/productions-du-groupe/CDM-TraductionPresentation.pdf, Dernier accès: 2006-02-07

[25]   Laublet, P. (2002). Vers le Web Sémantique, CNRS Université de Paris Sorbonne Accessible en ligne à l'adresse : http://www.lalic.paris4.sorbonne.fr/stic/tutor/ Ontosaurus29032002.pdf, Dernier accès: 2007-04-15

[26]   Gruber, T.R. (1993).A translation approach to portable ontology specifications, *in Knowledge Acquisition Journal, vol. 5, pp 199-220*

[27]   Wikipédia l'encyclopédie libre. Ontologie, Accessible en ligne à l'adresse : http://fr.wikipedia.org/wiki/Ontologie/, Dernier accès: 2006-01-04.

[28]   Aussenac-Gilles, N. (2006). Donner du sens aux documents du web, URFIST Toulouse, Accessible en ligne à l'adresse : http://www.unice.fr/SPIP_Urfist/IMG/ppt/WebSemantique1-2006.ppt, Dernier accès: 2006-03-12.

[29]   Kotzinos, D. Pediaditaki, S. Apostolidis, A. Athanasis, N. et Christophides, V. (2005). Online Curriculum on the Semantic Web: The CSD-UoC Portal for Peer-to-Peer E-learning. *The International World Wide Web Conference Committee (IW3C2), May 10-14, 2005, Chiba, Japan*

[30]   Loser, A. Grune, C. et Hoffmann, M (2002). A didactic model, definition of learning objects and selection of metadata for an online curriculum. *5th. International Workshop Interactive Computer aided Learning (ICL)*. Carinthia Tech Institute, Kassel University Press, 2002. ISBN 3-933146-83-6

[31]   Definition. La norme SCORM, , Accessible en ligne à l'adresse :http://www.definition.be/defipoints/point5.asp, Dernier accès : 2007-03-29

[32]   edubank (2005). ELearning ses fondements et son utilisation dans le secteur bancaire , Accessible en ligne à l'adresse :http://www.edubank.ch/fr/edubank/file.cfm/document/e-learning_brochure.pdf, Dernier accès: 2005-11-12.

[33]   Gómez-Pérez, A (2004). The semantic web, Accessible en ligne à l'adresse : http://internetng.dit.upm.es/ponencias-jing/2004/semantic-web.pdf, Dernier accès: 2006-09-07.

[34]   SHOE Document Ontology (2000), Accessible en ligne à l'adresse : http://www.cs.umd.edu/projects/plus/SHOE/onts/docmnt1.0.html, Dernier accès : 2006-03-16

[35]   LEBLOND.R (1999). Vers une architecture n-tiers, Accessible en ligne à l'adresse : http://www.info.univ-angers.fr/~gh/internet/ntiers.pdf, Dernier accès : 2007-04-16

[36]   Bayounes, W. Ferchichi, A. et Chabchoub, A. (2007). Les actions de formation et les facteurs de motivation : cas des technologies du web, *1er colloque Questions en pédagogie universitaire, tunis 9-10 mai*

[37]   IMS (2002). Traduit et adapté About IMS, 14 avril 2002. Accessible en ligne à l'adresse : http://www.imsglobal.org/aboutims.html, Dernier accès : 2006-07-21.

[38]   Guillaume Smet(2003). Pourquoi utiliser XML Doc Book ?, Accessible en ligne à l'adresse : http://pipouyou.net/articles/docbook/pourquoi, Dernier accès : 2006-02-15.

[39]   CDM (2006). Fichier XSD de la spécification CDM, Accessible en ligne à l'adresse : http://cdm-fr.fr/2006/schemas/CDM-fr_habili.xsd/, Dernier accès : 2006-04-23.

[40]   Quang Trung Tien, P. (2005), Ontologies et Web Services, Institut de la Francophonie pour l'Informatique, Accessible en ligne à l'adresse : http://www.ifi.refer.org/rapports/tipe/promo10/tipe-phan_quang_trung_tien.pdf, Dernier Accès : 2006-01-11.

[41]   D. Fensel, J. Hendler, H. Lieberman, and W. Wahlster (2005). Spinning the semantic web, MIT Press, ISBN 13: 978-2100065202, pp 3-8

[42]   Ordonez, S.(2003). Migration de SUPPREM vers SCORM, IMS, Accessible en ligne à l'adresse : www.unige.ch/supprem/docs/scorm/Supprem_et_SCORM_v1.ppt Dernier Accès : 2006-06-09.

Résumé

Le travail présenté dans ce mémoire s'intéresse à la conception et la mise en œuvre de XML Curriculum Model (XCM) qui vise à aider les développeurs des systèmes d'information à concevoir un système de gestion des curriculums et à invoquer les meilleures technologies du web sémantique en utilisant un schéma standard de définition de curriculum.

Notre travail empirique à démarrer avec l'étude des curriculums pour l'informatique développée à l'échelle internationale par les associations scientifiques et professionnelles concernées.

Nous avons constaté que ces curriculums manquent de modèle de structuration pour favoriser leur mise à jour collaborative sur le web.

A cet effet, nous avons abouti à un modèle XCM appelé basé sur:

- Le standard de la documentation DocBook
- Les schémas de métadonnées DublinCore, LOM et CDM
- Les standards de traitement de métadonnées RDF et Topic Maps
- Le concept d'ontologie
- La norme SCORM

Mot clés

Curriculum, Web Sémantique, XML, DocBook, Schéma CDM, LOM et SCORM

www.ingramcontent.com/pod-product-compliance
Lightning Source LLC
LaVergne TN
LVHW042340060326
832902LV00006B/286